绍兴文理学院出版基金资助

时间可控的
生产调度模型
与优化算法研究

RESEARCH ON PRODUCTION SCHEDULING
MODELS AND OPTIMIZATION ALGORITHMS
WITH CONTROLLABLE TIME

朱辉 游运 ◎ 著

中国财经出版传媒集团

经济科学出版社
Economic Science Press
·北 京·

图书在版编目（CIP）数据

时间可控的生产调度模型与优化算法研究／朱辉，
游运著. -- 北京：经济科学出版社，2024.7
ISBN 978 - 7 - 5218 - 5669 - 9

Ⅰ. ①时… Ⅱ. ①朱… ②游… Ⅲ. ①生产调度 - 调
度模型 - 研究②生产调度 - 最优化算法 - 研究 Ⅳ.
①F273

中国国家版本馆 CIP 数据核字（2024）第 052523 号

责任编辑：杨　洋　杨金月
责任校对：孙　晨
责任印制：范　艳

时间可控的生产调度模型与优化算法研究

朱　辉　游　运　著

经济科学出版社出版、发行　新华书店经销

社址：北京市海淀区阜成路甲 28 号　邮编：100142

总编部电话：010 - 88191217　发行部电话：010 - 88191522

网址：www. esp. com. cn

电子邮箱：esp@ esp. com. cn

天猫网店：经济科学出版社旗舰店

网址：http://jjkxcbs. tmall. com

北京季蜂印刷有限公司印装

710 × 1000　16 开　12. 25 印张　160000 字

2024 年 7 月第 1 版　2024 年 7 月第 1 次印刷

ISBN 978 - 7 - 5218 - 5669 - 9　定价：45. 00 元

（图书出现印装问题，本社负责调换。电话：010 - 88191545）

（版权所有　侵权必究　打击盗版　举报热线：010 - 88191661

QQ：2242791300　营销中心电话：010 - 88191537

电子邮箱：dbts@ esp. com. cn）

前　言

　　对任务安排、服务提供和零件加工等过程进行排序优化的调度理论，在管理决策领域存在着大量的应用，能产生巨大的社会经济效益。经典调度理论总是假设工件参数是固定不变的，而且机器在整个调度周期内的运行状态也不会发生改变。但管理决策者目前面临的复杂生产过程和客户多样化的需求，使调度优化问题的研究对象也相应地发生变化。工件的时间参量可以发生改变，机器运行也可能需要中断一段时间来进行诸如保养维护、工具更换、效率调整等活动。而此时工件/机器参数往往是可控的，针对这一新的变化，本书主要研究含可控时间参量的生产调度问题及相应的优化算法。

　　第一，本书研究了带资源依赖的释放时间的单机调度问题。每一工件一旦释放即开始进行加工，其释放时间与假定的初始释放时间存在偏差即会产生释放成本。需要确定工件序列和所有工件的释放时间，使释放成本、时间表长与总完工时间的加权和总成本目标函数最小。考虑了两种情形：一种情形是初始释放时间是限制性的，它是 NP 难问题；另一种情形是初始释放时间为非限制性的，它是多项式时间可解问题，时间复杂度为 $O(n\log n)$。

　　第二，基于实际应用中出现的涉及可控且可变加工时间的调度问题，本书研究了含资源依赖和位置依赖的工件加工时间的单机问题。在资源指派导致的压缩加工时间基础上，在实际加工时间中综合考虑了一般位置依赖的学习/老化效应。资源消费函数是线性函数或是凸函数，在每一种情况中，讨论了两个目标函数：一个包含时间表长、流水时间、总完工时间偏差和总压缩成本，另外一个包含提前、延后、提交时间和总压缩成本。分析表明：它们都能在时间复杂度 $O(n^3)$ 内求解，而对于凸目标函数情形中的一种特殊情况，有时间复杂度 $O(n\log n)$ 的算法。

第三，具有资源分配或机器可得性约束的调度是非常重要的，这在最近受到了广泛的关注。本书考虑了工作可控性与机器可得性这两种现象同时存在时，它们之间的协调关系。假定安排凸资源依赖的工件在含一个不可得区间的单机上加工，涉及了时间表长和总资源消费两个目标函数。目标是寻找最优工件调度和资源指派，使在一个目标不超过给定上界的约束下，最小化另一个目标函数。分析表明，每一个问题都是 NP 难问题。本书提供了启发式算法，并分析了它们的最坏情况性能比。

第四，本书研究了含特殊线性可压缩加工时长的同型机情境下的时间表长问题。每一工件通过消费额外的资源，其加工时间都是可压缩的，且总压缩量有限制。在资源消费量足够时，工件的加工时间甚至可以减少至零。本书给出了所考虑问题的复杂度和 MIP 模型。在经典平行机时间表长问题的简单调度规则基础上，提供了两个启发式算法：LS – 压缩方法和 LNPT – 压缩方法，并提供了依赖于工件参数的最坏情况误差界。

第五，本书研究了含凸资源依赖加工时间的平行机调度问题，涉及一般位置依赖的工作负荷。由于含资源指派调度问题与许多实际生产情况相适应，因而越来越受到调度研究者的关注。考虑平行机环境及其特殊情况的单机环境，以及两个目标函数：总调度成本函数和资源消费成本函数。根据机器环境、资源消费函数和目标函数的不同，共讨论了八类问题。结论显示，每一类问题的最优解都可以通过有效的多项式时间算法获得。

第六，本书研究了带机器维护且维护时长是退化且可控的单机问题。

假设维护时长是依赖于其开始时间和消费的额外资源量。目标是确定工件序列、维护活动位置和它的额外资源消费量，使与绩效指标和资源消费成本有关的总成本最小。考虑的绩效指标分别为：时间表长、流水时间、最大延误和提前、延误及提交时间的组合。分析结论表明，以上四个问题都是多项式时间可解的，并提供了对应的优化算法。

第七，本书研究了共同提交时间窗指派的单机调度问题，同时考虑一般位置依赖的加工时间和退化且可压缩的维护活动。讨论了与效率调整维护活动有关的两个模型，即维护长度假定为依赖于开始时间和可压缩的或依赖于位置和可压缩的两种情形。目的是找寻工件提交时间窗的位置和大小、维护位置，以及指派给它的资源量和工件序列，使含提前、延误、提交时间窗位置和大小及资源成本的总成本函数最小。结果表明，两个模型对应的问题都可以归结为多项式时间可解的指派问题。

总之，工件特征/机器环境的改变使工件/机器参数不仅是可变的，而且是可控的。与之相适应的生产调度模型与优化算法研究，进一步丰富了调度决策理论，拓展了它的应用领域。

目 录

第1章

绪论

研究背景及意义

本节简述了在现阶段我国制造业智能转型升级的大背景下,对生产制造过程中的调度问题进行研究的理论和实际意义。

1.1.1 背景

制造业是指对制造资源按照市场要求,通过制造过程,转化为可供人们使用和利用的大型工具、工业品与生活消费产品的行业。制造业是国民经济的主体和支柱产业,工业的现代化转型,必须以制造业转型升级为基础。强大的制造业对国家工业化和国防现代化至关重要。曾让国人引以为豪的中国制造以"Made in China"的标志走到了世界的前沿，但从国际上看，我国制造业也正面临来自欧美发达国家和发展中国家的"前后夹击"，因而迫切需要实现制造业的转型升级，工信部公布的2014年十件大事更是将制造强国战略位列首位①。2015年全国两会的政府工作报告中首次提出：要实施"中国制造2025"，坚持创新驱动、智能转型、强化基础、绿色发展，加快从制造业大国转向制造强国②。2015年4月23日，李克强在泉州考察时说，中国经济要长期保持中高速，必须迈向中高端，须加速推进"中国制造2025"。③

生产和制造过程中的计划、管理和控制是体现企业核心竞争力，实现创新能力提高和智能转型的关键环节。而企业制造过程调度主要解决的是根据生产计划、生产工艺、订单交货期及制造过程的实时状态数据等信息，指定较短一段时间内制造过程作业计划，一般会涉及多项与作业计划相关的调度决策，包括操作的加工机器（组）和各机器（组）上的工件加工顺序或加工开始时间等关键调度决策及其他辅助性调度决策。制造过程总是以一台或多台机器在车间内进行调度生产，因此车间生产中的调度问题一直是先进制造过程生产管理领域的前沿性研究方向。

近十几年来，欧美国家和国内的众多高校〔如哥伦比亚大学（Columbia University）、普渡大学（Purdue University）、伯明翰大学（University of Birmingham）、清华大学、上海交通大学、浙江大学、东南大学等〕、研究机构和企业均相继开展了制造过程优化调度研究，产生的成果已应用

---

① 2014年工业和信息化部十件大事［EB/OL］. 电子信息产业网，2015 - 02 - 02.
② 政府工作报告：2015年3月5日在第十二届全国人民代表大会第三次会议上［EB/OL］. 中华人民共和国中央人民政府，2015 - 03 - 16.
③ 李克强谈"中国制造2025"：从制造大国迈向制造强国［EB/OL］. 中华人民共和国中央人民政府，2017 - 08 - 10.

于钢铁、纺织和机械制造等行业，产生了巨大的社会经济效益。但是，由于过于简单的调度理论模型和复杂的实际制造过程还是存在巨大的差距，因此目前的生产调度研究成果应用在生产实践中存在很多局限性。如何在经典调度理论基础上研究更一般的调度模型，得到更加有效的调度方法，并开发出能够很好地应用于制造企业复杂生产过程的生产调度系统，提高制造工业的现代化水平，促进制造过程从信息化走向智能化，始终是学术界和企业界都非常关注的问题。

1.1.2 意义

科学技术的快速发展和经济全球化使客户对产品的要求不断提高。而激烈的市场竞争，使企业为生产出更具有吸引力的产品来满足客户的需求，其生产模式也正从品种单一、大批量的传统方式向多品种、小批量方向发展。有效的调度优化方法和生产调度技术可以使企业生产车间的各种生产制造资源得到充分利用，保证生产的正常有序进行，是实现生产管理高效率、高柔性和高可靠性的关键。因此，关于制造企业车间生产过程中的生产调度技术，即生产调度问题及其优化算法的研究及应用，对提高企业精细化生产的管理水平，提升其创新能力和核心竞争力，实现由"大"到"强"的智能转型具有重要的实际意义。

起源于生产制造领域的调度排序问题，是一类重要的组合优化问题，且与组合优化理论中的诸如旅行商问题、装箱问题、背包问题、运输问题、指派问题、最短路问题、最大流问题等具有相似性。对制造企业车间生产调度问题及优化算法进行研究，可丰富相关的调度理论和组合优化理论，具有重要的理论意义和学术价值。此外，生产调度的很多结果在企业管理、项目管理、交通运输、处理器调度、物流管理、航空航天、化学化工、信息处理、医疗服务、公共事业管理等诸多领域都有着大量的应用，如皮内多（Pinedo，2005）介绍了制造业与服务业中的应用。因此，对相关调度优化问题的研究，还具有较高的应用价值，并产生较大的社会经济效益。

1.2 调度优化问题概述

本节简要介绍研究中所涉及的有关调度优化问题的基本知识，包括概念、表述方法、分类和常见优化算法。

1.2.1 调度问题

所谓生产调度，主要是充分调配资源、合理安排作业顺序、按时提交派送产品，在满足一定的生产条件下，使用时间费用、资源耗费等来衡量的生产成本最小。在生产企业特别是制造业编制作业计划时，经常考虑安排 n 个工件 $\{J_1,\cdots,J_n\}$ 在 m 台机器 $\{M_1,\cdots,M_n\}$ 上加工的顺序，使某些目标达到最优，这就是最早的调度问题。

排序（sequencing）是调度（scheduling）的一个关键环节，狭义上的调度问题也称为排序问题。实际上，调度问题中的工件（job）和机器（machine）可以代表极为广泛的具体对象，如服务机构、作业设施和操作人员等统称为"机器"，而被服务的顾客、任务和零件统称为"工件"。加工调度/生产排程问题是一类典型的组合优化问题，它的特点是问题描述简洁，实际应用广泛，但优化求解往往较困难。

1.2.2 表述方法

调度问题可以通俗地描述为：具有一定特征的一些工件，安排在特定环境中的若干台机器上进行加工，使一个或多个目标达到最优。所以，一般情况下，描述一个调度问题需要给出如下的三个要素：机器环境、工件特征和优化目标。在调度研究领域，常用三元域法来记录表示所研究的调度问题，而对于具体的某个调度实例，则常用甘特图表示，下面对它们做简要介绍。

1. 记述方法

调度问题一般用格雷厄姆等（Graham et al.，1979）引入的三元域：$\alpha|\beta|\gamma$ 方法记述。其中，α 域指定机器环境，β 域界定工件特征，γ 域给定优化目标。

2. 图示方法

调度问题常用一种称为甘特图（gantt chart）的条形图直观表示：每一工件用沿着水平时间轴平放的线条表示，线条的位置和长度代表该工件的加工位置与时长，在平行机问题中，纵轴表示机器。例如，本书中图 4.3 和图 4.4 即为甘特图，分别表示的是 5 个工件在 3 台机器上加工的两种不同调度方法。

1.2.3 问题分类

描述调度问题需要给出机器环境、工件特征和优化目标三个要素，它们对应的是三元域记述法中的 α 域、β 域和 γ 域。本节根据这三个要素的不同，对各种调度问题进行简单分类，介绍本书研究涉及的几种类型。

机器环境一般有单机（single machine）、平行机（parallel machine）、流水作业（flow shop）、异序作业（job shop）和自由作业（open shop）等。由于单机问题是其他作业环境的基础，而平行机问题更有趣且贴近实际生产环境，所以这两类问题得到了研究者的大部分关注。下面简述常见的几类问题，本书研究主要是针对单机和平行机问题。

（1）单机问题，$\alpha = 1$：最简单的机器环境，也是其他复杂机器环境的特殊情形。

（2）平行机问题，m 台机器构成机器集，每一工件只有一个操作，可以由机器集或某个依赖于工件的机器子集中任一台机器加工，根据加工速度分为以下三种情形。

① 同速机（identical machine），$\alpha = Pm$：工件 J_j 在不同机器上加工，所需时间都是 $p_{ij} = p_j$。

② 同类机（uniform machine），$\alpha = Qm$：工件 J_j 在机器 M_i 上加工，所需时间为 $p_{ij} = p_j / v_i$，其中 v_i 为机器 M_i 的加工速度。

③ 非同类机（unrelated machine），$\alpha = Rm$：工件 J_j 在机器 M_i 上加工，所需时间为 $p_{ij} = p_j / v_{ij}$，其中 v_{ij} 为机器 M_i 加工工件 J_j 的速度。

（3）流水车间，$\alpha = Fm$：每一工件都需要在含 m 台机器的机器序列上流水作业，即工件都有 m 个固定顺序（相同路线）的操作。一般要求工件等待队列遵守先进先出（first in first out，FIFO）规则，此时称为排列流水车间，并且 β 域包含 $prmu$。

工件特征指工件是否可中断（preempting）加工、是否可分开（splitting）加工、是否能批处理/成组加工（batching/grouping）、是否有先后关系（precedence relation）、是否存在学习或退化效应、是否考虑准备/释放时间和提交时间等。若 β 域为空，则表示不考虑上述情况。

（1）$\beta = r_j$：考虑工件的释放/准备时间（release date/ready time），若

不出现，默认表示所有工件都在 0 时刻释放。

（2）$\beta = d_j$：工件具有提交时间/工期，若不按期完工一般需要受到一定的惩罚。不允许延误的工期称为截止期限（deadline）。

（3）$\beta = prmp$：工件加工允许中断，并可在后面某个时刻甚至可在其他机器上恢复加工。

（4）$\beta = split$：工件可以拆分为若干子工件且它们可以同时在多台机器上加工。

（5）$\beta = prec$：工件加工有先后关系。若限定先后关系分别为链、入树、出树或序列平行图，则 β 取 $chains$、$intree$、$outtree$ 或 $sp - graph$。

（6）批处理或成组加工问题：工件可以分批进行加工，一般每批加工前需要安装时间（set - up time）。每批的完工时间定义为该批所有工件的完工时间。根据该批所有工件加工时长和或最大值来定义批加工时长，区分为串行批（$\beta = s - batch$）或并行批（$\beta = p - batch$）两种分批问题。

优化目标常以工件的完工时间来衡量。设工件 J_j 的完工时间为 C_j，相关的成本记作 $f_j(C_j)$。常见的优化目标有瓶颈目标 $f_{\max} = \max\{f_j(C_j) \mid j = 1, \cdots, n\}$ 和求和目标 $\sum f_j = \sum_{j=1}^{n} f_j(C_j)$。若目标函数关于所有变量 C_j 都是非减函数，则称为正则的。定义工件 J_j 的延迟 $L_j = C_j - d_j$，延误 $T_j = \max\{0, C_j - d_j\}$，提前 $E_j = \max\{0, d_j - C_j\}$，单位罚金 $U_j = \begin{cases} 0, & C_j \leq d_j \\ 1, & C_j > d_j \end{cases}$。下列常见优化目标中，前两个为正则目标，后四个目标与提交时间 d_j 有关：

（1）$C_{\max} = \max\{C_j \mid j = 1, \cdots, n\}$：最大完工时间，也称时间表长（makespan）。

（2）$\sum_{j=1}^{n} \omega_j C_j$：加权（总）流水时间，特殊情况 $\sum_{j=1}^{n} C_j$ 称作（总）流

水时间（flow time）。

（3）$L_{\max} = \max\{L_j | j = 1, \cdots, n\}$：最大延迟。

（4）$T_{\max} = \max\{T_j | j = 1, \cdots, n\}$：最大延误。

（5）$\sum_{j=1}^{n} \omega_j T_j$：加权总延误，特殊情况 $\sum_{j=1}^{n} T_j$ 称作总延误。

（6）$\sum_{j=1}^{n} \omega_j U_j$：加权总单位罚金，特殊情况 $\sum_{j=1}^{n} U_j$ 称作总单位罚金或总误工工件数。

1.2.4　优化算法

最早的相关调度文献可追溯至 20 世纪 50 年代（Johnson，1954；Jackson，1955；Smith & Wayne，1956；Jackson，1956）。产生了 Johnson 规则、EDD 规则和 WSPT 规则等有名的简单调度规则。然而，很多车间调度问题都是计算难处理的（computationally intractable），称为 NP 难（NP‑hard）问题，这些问题不存在多项式时间算法。于是基于简单调度规则的启发式近似算法和基于分枝定界、动态规划的隐枚举精确算法得到了大量的研究，并且广泛应用于各类机器环境的车间调度问题（Pinedo & Michael，2012；Brucker & Peter，2007；Blazewicz et al.，2007）。

近似算法求解这类问题获得的解是近似解，也称为次优解。而该算法的性能则常以其最坏情况下的性能比来评价，性能比是算法所求得的近似解的目标函数值与最优解的目标函数值之比（堵丁柱、胡晓东和葛可一，2011；Williamson et al.，2011）。下面给出 ρ ‑ 近似算法的定义：

定义 1.1　对最小/大值问题的任一事例 I，由算法 A 获得的近似解相应目标值 $A(I)$ 与最优值 $OPT(I)$ 之比满足：

$$\left| \frac{A(I)}{OPT(I)} \right| \leqslant \rho = 1 \pm \epsilon$$

则称 A 为 ρ ‑ 近似算法，称 ρ 为最坏情况（性能）比［worst‑case

（performance）ratio]，称 ϵ 为最坏情况误差界。

调度排序问题是重要的组合优化问题，其理论和算法研究是运筹学的一个活跃分支。很多调度问题的有效求解，都可以归结为一些重要的组合优化问题，如线性规划、整数规划、运输问题等。下面给出的指派问题即为运输问题的特殊情形，它可归结为一个重要的线性规划。

定义 1.2 给定两集合 $A = \{a_1, \cdots, a_m\}$ 和 $T = \{t_1, \cdots, t_n\}$（不失一般性，假设 $m \leqslant n$），以及实值权重函数 $C: A \times T \rightarrow R$。指派问题就是寻找一个映射（指派）$f: A \rightarrow T$，使成本函数最小：

$$\sum_{a \in A} C(a, f(a))$$

一般指派问题可由 $m \times n$ 的矩阵 $C = (c_{ij})$ 给出，并可将其叙述为如下关于 $0 \sim 1$ 变量 χ_{ij}（表示 Agent a_i 指派给 Task t_j）的线性规划：

$$\text{Min} \quad \sum_{i=1}^{m} \sum_{j=1}^{n} c_{ij} \chi_{ij} \tag{1.1}$$

$$\text{s. t.} \quad \sum_{j=1}^{n} \chi_{ij} = 1, \quad i = 1, \cdots, m$$

$$\sum_{i=1}^{m} \chi_{ij} \leqslant 1, \quad j = 1, \cdots, n$$

$$\chi_{ij} \in \{0, 1\}, \quad i = 1, \cdots, m; \quad j = 1, \cdots, n \tag{1.2}$$

其中，当且仅当 a_i 指派给了 t_j 时，$\chi_{ij} = 1$；否则，$\chi_{ij} = 0$。式（1.2）中第一个约束使每个 $a_i \in A$ 指派给了 T 中一个元素，第二个约束使每个 $t_j \in T$ 至多指派了一个 A 中元素。指派问题可以通过匈牙利算法（Kuhn & Harold，1995）求解，时间复杂度为 $O(m^2 n)$。

随着信息技术、制造技术和管理技术的发展与融合，调度理论和算法得到进一步的拓展。调度优化方法逐渐走向复杂化和多元化，主要有基于运筹学的方法、启发式调度方法、基于仿真的方法和基于人工智能的方法（余建军、周铭新和张定超，2009）。特别是模拟退火算法、禁忌搜索算法、遗传算法、蚁群优化算法和粒子群优化算法等智能优化算法已成为调度领域的热点研究问题（刘民和吴澄，2008；Pinedo & Michael，2012）。

1.3 研究综述

经典的调度理论研究，无论是机器环境、工件特征还是优化目标，都相对比较简单。学术界和业界都非常关注的问题，就是如何缩小过于简单的调度理论模型和复杂的实际生产过程之间的差距。因此，调度优化理论的最新发展方向，是在经典调度理论基础上研究更一般的调度模型，得到更加有效的调度优化方法，使研究成果更好地应用于指导生产实践，提高生产管理者的决策水平。

传统的确定性调度理论中，工件参数作为内生变量是常数，且在整个调度周期中不会发生改变。这些参数包括释放时间、加工时间、机器含维护时的维护时间和提交时间。但是在更一般的调度理论研究中，这些工件/机器参数中一个或多个都不是固定的。结合实际的应用背景，一般认为，它们是依赖于资源的，从而出现了含有可控时间的生产调度问题。在含可控时间这一范畴下，本书按照工件的准备与释放、机器的加工与维护和工件完工与提交三个阶段，分别讨论涉及依赖于资源或成本的释放时间、加工时间、维护时间和提交时间的相关主题。以一定条件下某个或某些工件或机器的参数是弹性可变为立足点，针对这类具有实际应用背景的生产调度问题展开研究，得到了具有一定理论意义和实用价值的成果。下面将分别对含有这种可控参数或含机器维护时间的研究文献进行综述。

1.3.1　含可控释放时间的问题

在实际生产中，通过使用额外的资源或成本，工件的参数是外在可控的。例如，体现在工件准备阶段，特别是这种准备是以原材料加工成配件或半成品为前提的，或工件需要在加工前进行预处理。与之对应的是资源依赖的释放时间，这种情形经常出现在实际生产调度计划中。常见的应用实例为钢铁工厂中的钢锭冶炼过程。钢锭在轧机上热轧之前，必须先在均热炉中进行预热到一定温度，而这需要消耗一定的燃气或石油等能源。每一钢锭的预热时间是能源的非增函数，且应该看成是钢锭热轧加工的释放时间（Janiak & Adam，1991；Cheng et al.，1994；Ventura et al.，2002）。詹森等（Janssen et al.，2011）提供了另外一个应用例子：在空中交通管理中到达终点站的飞机，其释放时间可以看成是燃油的消费函数，因此是依赖于资源的。

正如具有可控加工时间的调度问题（Vickson，1980a，1980b；Van Wassenhove et al.，1982；Nowicki et al.，1990；Chen et al.，1999；Shabtay et al.，2007；Janiak et al.，2007）与固定加工时间的经典问题之间存在不一样的特点。类似地，与传统的所有工件在零时间释放且不需额外成本不同的是，贾尼亚克（Janiak，1991，1986，1998）引入了释放时间依赖于资源的生产调度问题。而程和贾尼亚克（Cheng & Janiak，1994）、贾尼亚克和李（Janiak & Li，1994）、李（Li，1994，1995）、李等（Li et al.，1995）、瓦西列夫和富特（Vasilev & Foote，1997）、温图拉等（Ventura et al.，2002）、程和沙赫列维奇（Cheng & Shakhlevich，2003）提供了更多地涉及可控释放时间的研究结果。

研究者在考虑带可控加工时间或释放时间时，一般是分开进行，即要么考虑可控加工时间，要么考虑可控释放时间。王和程（Wang &

Cheng，2005）研究了释放时间和加工时间都是资源消费量的线性递减函数这一情形下的调度问题，考虑的目标是最小化时间表长和资源消费总成本。对于一般情况和几种特殊情况，提供了启发式算法，并分析了算法的性能。崔等（Choi et al.，2007）进一步研究了王和程（Wang & Cheng，2005）考虑的问题，研究结果表明：当所有工件释放时间的降低成本不一样时，问题是 NP 完全的，而当所有工件具有相同的降低成本时，则是多项式时间可解并提供了 $O(n^5)$ 时间算法。崔等（Choi et al.，2007）讨论了在工件具有非限制性初始释放时间条件下带可控释放时间的两个单机问题：在工件总完工时间约束下最小化总资源消费量；工件总完工时间和总资源消费加权和最小化问题。结果显示，第一个问题的判定版本是 NP 完全的，而第二个问题则可以通过求解一系列的指派问题在多项式时间 $O(n^4)$ 内求解。对于崔等（Choi et al.，2007）研究中的第二个问题，詹森等（Janssen et al.，2011）提供了时间复杂度为 $O(n\log n)$ 的改进算法，并对算法提供了针对工件加工时间的敏感度分析，结果并不增加其时间复杂度。

国内文献也对这类含资源依赖的释放时间生产调度问题进行了研究，柏孟卓和唐恒永（2003）研究了三类工件释放时间可控的单机排序问题：在资源消费总量约束下，对于一个含特殊的线性依赖释放时间的时间表长问题给出了最优解；释放时间资源消费函数为一般函数的情况下，对时间表长约束下总资源消费最小化问题及含时间表长和资源消费总量的两目标优化问题，给出了在工件序列给定情况下的最优解。李凯等在单机环境下考虑了释放时间是凸减函数资源依赖的调度问题，目标是在时间表长约束下最小化资源消耗，对这一 NP 难问题设计了模拟退火算法。

分析可知，在生产调度文献中，通过增加额外的资源消费成本来减小释放时间，已经得到研究者的关注。但是，这些研究却忽略了工件从释放到加工之间的等待时间往往会产生额外的成本，在本书第 2 章中，我们建立了带可控释放时间的生产调度模型刻画这一现象。

1.3.2 含可控加工时间的问题

在实际生产过程中，工件的加工需要消费额外的资源，比如，设备、能源、资金和外包。因此，我们可以通过增加（减少）资源的使用来缩短（延长）工件的加工时间，即工件的加工时间是依赖于资源的。在生产排序领域，维克森（Vickson，1980a，1980b）最早启动了带可控加工时间的调度研究。从那以后，涉及可控加工时间的生产调度问题越来越受到研究者的关注。

在早期文献中，一般假定工件加工时间是资源指派量的有界线性函数，也就是具有如下形式：

$$p_j(u_j) = \bar{p}_j - a_j u_j \quad j = 1, \cdots, n, 0 \leqslant u_j \leqslant \bar{u}_j < \bar{p}_j / a_j \tag{1.3}$$

其中，$\bar{p}_j$ 是工件 J_j 的非压缩（non-compressed）加工时间，u_j 和 $\bar{u}_j$ 为指派给工件 J_j 的资源量及其上界，a_j 为压缩率，大量的研究结果集中在这一模型。

线性有界模型的优点是工件的加工时间是有限的且为资源消费量的线性函数，但是它未能体现经济学中边际效益递减规律：资源数量增加到一定程度后，单位该资源所带来的效益/产出增加量是递减的（Shabtay et al.，2007）。为刻画这一规律，被研究者广泛采纳的是蒙娜等（Monma et al.，1990）提出的如下凸资源消费函数：

$$p_j(u_j) = \left(\frac{w_j}{u_j}\right)^k \tag{1.4}$$

其中，w_j 是代表工件 J_j 工作负荷的正参数，u_j 是该工件的资源消费量，k 为一正常数。有研究者认为，虽然这一凸资源消费函数可以刻画边际效益递减规律，但是由于它的特定形式往往可能和复杂的实际生产不吻合。

于是提出使用一般的凸减资源消费函数来描述加工时间。

在含资源指派的调度领域，这两类模型得到了大量的研究。值得一提的是，上述的含线性或凸资源消费函数的调度问题研究，都是假设资源是连续可分的。但很多情形下，可消费的资源是有限多个离散的值，使加工时间的可选择个数也是有限的。这种含离散可控时间的问题，也得到了有关学者的关注。

分析上述文献可以知道：含可控加工时间的研究出现的比较早，因此相对含可控释放时间的研究来说，关于这方面的研究成果是比较多的。其中关注点之一是将含可控加工时间的线性模型式（1.3）或凸模型式（1.4）与可变加工时间的问题综合考虑，本书第 3 章将关注这一问题中的一个单机问题，给出一般性的模型，这是 3.2 节内容研究的主体；而在确定性的调度研究中，似乎还没有出现文献将可控时间与机器运行中的上述维护保养类型结合起来研究，而这就是第 3 章中我们将关注的问题，构成了 3.3 节的主要内容。

由于加工时间固定的平行机上的时间表长问题都是计算难处理的，因此当加工时间可控时，一般采用智能算法来处理。第 4 章将关注于这个问题的研究，4.2 节分析了含特殊线性可控加工时间的平行机时间表长问题。在含凸资源依赖消费函数的可控加工时间调度问题研究中，大量文献考虑位置依赖的工作负荷，但是这种位置依赖关系大都是给出具体的表达式。实际生产环境的复杂性，使得在很多情况下，这种依赖关系不一定具有特定表达形式。因此，4.3 节给出了平行机环境下一个关于此类问题的一般模型并将其应用于单机问题，这一模型涵盖了大量已经出现的文献研究结果。

1.3.3　含机器维护时间的问题

在调度理论研究中，大部分文献都是假设机器是一直可得的。但是，在实际的生产环境中，当存在预防性维护等活动时，这一假设并不合理。由于注意到机器往往是不可能一直连续运行的，因此越来越多的研究人员包括国内学者关注含维护的生产调度问题。由于机器维护时，机器是不可得的，即机器不能加工工件。研究者一般根据维护开始时间、维护时长、维护次数及维护前后工件加工时长是否改变等因素来对维护进行分类。

阿迪里等（Adiri et al.，1989）考虑单机环境下机器面临一次中断的流水时间问题，并区分确定和随机两种情形，对于维护开始时间和维护时长事先已知的情形，证明了它是 NP 完全的。李和陈（Lee & Chen，2000）研究了含柔性维护活动的平行机上加权完工时间问题，每台机器在 $[0，T]$ 时间内必须做一次固定时长的维护保养。而杨等（Yang et al.，2002）则考虑带一次柔性维护的单机时间表长问题，机器必须在指定时间 $[s，t]$ 内执行一次时长为 $r(r \leqslant t-s)$ 的维护活动。廖和陈（Liao & Chen，2003）考虑了单机上含周期维护的最大拖后问题，设计了获得最优解的分支定界算法，其中周期维护是指每隔相同时间 T 执行一次相同时长 t 的维护保养活动。陈（Chen，2006，2008）、徐等（Xu et al.，2008）考虑了单机环境下的柔性周期维护活动。齐等（Qi et al.，1999）在文献中假定机器至多连续工作时间 T，则需要维护保养时间 t，这是属于柔性周期维护模型的特殊情形，一般称为工具更换（Akturk et al.，2003，2004）。余等（Yu et al.，2013）则考虑的是计件维护问题。本书4.3.3 节中考虑机器含一个不可得时间窗的调度问题，是属于单次维护且开始时间和维护时长都固定的类型。

上述维护类型都是假定维护时长是事先给定的，但在某些实际生产活动中，机器维护时长跟维护开始时间或机器已连续工作的时长有关。库布津和斯特鲁塞维奇（Kubzin & Strusevich，2006）考虑了每台机器需要维护一次的两机器开放车间和流水车间调度问题，并假定维护时长为

$\alpha + f(t)$，其中 $f(t)$ 为开始时间 t 的单调不减函数，α 是给定的正常数，目标函数是所有调度活动（工件加工活动和机器维护活动）的最大完工时间。这种维护情形称为维护时长可变的或时间依赖的维护活动，也称为退化的，这是因为这种非减处理时间在工件加工时称为退化的（Chenga & Linb，2004）。徐等（Xu et al.，2010）研究了机器含线性递增维护时间的情境下两个时间表长问题，即平行机环境下维护活动最大完工时间问题和单机环境下工件的最大完工时间问题。

受到电子装配流水线上一个普遍存在的问题的启发，李和利昂（Lee & Leon，2001）将一种被称为效率调整（rate – modifying，记作 rm）活动的维护情形引入生产调度领域。效率调整活动通过改变生产率来直接影响机器的效率，也就是工件安排在效率调整活动之前或之后加工，其加工时间是不一样的。在维护活动之后，一般机器会变得更有效率，因此加工同一工件需要的时间将更短，其代价是当维护活动发生时，机器必须关停而无法进行生产。因而调度决策者必须在是否关闭机器进行效率调整活动从而提高生产率上做出抉择。李和利昂（Lee & Leon，2001）考虑了几个带效率调整活动的单机问题，目标函数分别为：时间表长、流水时间、加权流水时间、最大延迟。对这些目标函数分别提供了求解算法。从此，效率调整活动成为调度研究者关注的热点，而且大部分研究集中在将效率调整活动与其他调度环境相结合。例如，工件优先约束、提交时间指派、可变加工时间、带发送时间、可控加工时间、多台同时加工的机器等。

据我们所知，上面这些有关效率调整活动的文献都假定维护时长是固定的。莫舍伊奥夫和西德尼（Mosheiov & Sidney，2010）及王等（Wang et al.，2011）沿用布津和斯特鲁塞维奇（Kubzin & Strusevich，2006）的假设，他们考虑维护活动是退化的情形，即维护处理的越迟，机器环境越差，维护活动需要的时间就越长。这一般发生在维护活动包含补充燃料、清洁、部分置换工具等工序的情形。杨（Yang Snh – Jena，2010，2012）考虑退化的效率调整维护。而且上面这些考虑退化维护活动的文献中，大都假定维护时长是开始时间的线性函数。在第 5 章考虑的问题中，我们也考虑类似的情况，即假定维护活动是线性退化的，但是区分为时间依赖的退化和位置依赖的退化两种情形。

1.3.4　含可控提交时间的问题

精益制造在工业生产中的重要性，使工期指派发展成为调度领域的研究热点，此处工期也称为提交时间。准时制（just – in – time，JIT）调度要求工件尽可能在提交时间或接近提交时间完成。显然，一方面，在提交时间之后完工，不仅会引起顾客的不满，而且会导致失去订单或失去顾客；如果流水线的产品订单延误，则可能会导致流水线停工。另一方面，产品在它们的提交时间之前完工，则要对产品进行存储，这将导致不必要的库存，增加相应的存储成本。因此，在 JIT 调度中，一般优化目标涉及提前和延误成本：$\sum_i^n [f_i^e(E_i) + f_i^t(T_i)]$，其中 f_i^e 和 f_i^t 分别为工件 J_i 的提前与延误成本函数，都是单调不减函数，且 $f_i(0) = 0$。

卡内特（Kanet，1981）撰写了第一篇关于 JIT 调度的文献，它提供了求解具有共同工期的提前延误问题的多项式时间算法。而潘沃克等（Panwalkar et al.，1982）推广了卡内特的结果，在目标函数中加入了工期惩罚项。在工期指派问题中，一般认为工期是可以由调度决策者通过调度选择而进行控制的，也就是工件工期是决策变量。这体现在优化目标中，往往含有工期及与工期有关的绩效指标，从而不同的调度对应不一样的目标值。常见的工期指派根据工件工期的不同限定有以下这些类型：不同工期（unrestricted/different due date，DIF）$(d_1, d_2, \cdots, d_n)$；共同工期（common due date，CON）$d_j = d$；松弛工期（slack due date，SLK）

$d_j = p_j + q$，q 反映了工件的等待时间或松弛时间；它们的组合 $d_j = vp_j$ 和 $d_j = vp_j + q$。自此，大量文献研究了工期指派调度问题。

然而，工件只有在事先给定的固定时刻完成才不导致惩罚，在有些实际应用中是不太恰当的。因此，作为另一种可选择的方式，采用时间区间代替时间点则显得更加合理。工件一般在时间区间内完成不导致惩罚并称为该工件的提交时间窗。提交时间窗的左端点称为窗口的开始时间，右端点称为窗口的结束时间。工件在开始时间之前完成，则认为是提前完成，在结束时间之后完成则认为是延后完成。提前惩罚可看作为库存成本，而延后惩罚可认为与延迟交付导致的顾客不满意度有关。显然，一个更晚、更宽的提交时间窗增加了生产的柔性和供应商更广的配送选项，但是大的提交时间窗和延后工件的完成降低了供应商的竞争力和对顾客的服务质量。

涉及工期（窗）指派即可控提交时间（窗）的生产调度问题研究是运营管理中的重要课题，利曼和拉马斯瓦米（Liman & Ramaswamy，1994）研究了工件只有在一个时间窗 $[d_1, d_2]$ 内完工才不导致惩罚的提前拖后问题。考虑了以下两种情形：d_1 和 d_2 为内生变量即决策变量；d_1 和 d_2 为外生变量即问题参数。潘沃克和拉贾戈帕兰（Panwalkar & Rajagopalan，1992）将共同工期指派和资源指派联合起来考虑，研究了工件加工时间是线性可控的含工期指派的单机问题，目标是确定工件的加工时长、最优提交时间和最优工件序列，使包含提前成本、拖后成本和总资源成本的成本函数最小。结论显示这一问题可以通过时间复杂度 $O(n^3)$ 的算法求解。阿利达伊和艾哈迈迪安（Alidaee & Ahmadian，1993）将单机问题推广到了平行机环境，并且考虑了两个目标：总流水时间加总资源成本、提前与拖后总加权和加总资源成本。每一问题都归结为一个运输问题，从而是多项式时间可解的。利曼等（Liman et al.，1997）则进一步研究了含线性可控时间和共同工期窗指派的单机问题。

与此同时，处理一项任务一般是需要额外的资源的，正如 1.3.3 节描述的，机器维护过程不仅是退化的，还是可控的。杨等（Yang et al.，2010）研究带退化的维护和工期窗指派的单机调度问题，且工件加工时间具有工件依赖的退化效应，即工件加工时间为工件加工位置的特殊幂函数。本书第 6 章考虑将他们的结果推广到机器含维护，维护是退化且可控的工期窗指派问题，同时工件加工时间是一般的位置依赖函数情形。此外，本书中 3.2.3 节和 5.6 节考虑的两个工期指派问题也属于含可控提交时间的范畴。

1.4 主要工作和创新点

早期的生产调度理论研究中，工件或机器的时间参量（如释放时间、加工时间、维护时间、提交时间）被认为是固定的。然而，实际生产过程中，时间参量往往不是固定的，而是在一定条件下可以进行有效的控制。本书围绕着含可控时间参量的调度问题展开研究。本节给出研究的主要工作（内容）和主要创新点。

1.4.1 主要工作

针对生产调度中含有可控时间的调度问题，本书给出了其中的若干个（类）模型及其相应的优化算法，主要进行了如下方面的工作。

（1）研究带资源依赖的释放时间的单机调度问题。每一工件一旦释放就进行加工，如果其实际释放时间与它的初始假定释放时间存在偏差，则会产生释放成本。目标是确定工件序列和它们的释放时间，使工件的释放成本、时间表长、总完工时间的加权和最小。问题分两种情形考虑：一种情形是初始假定释放时间足够大（称为非限制的），在分析最优解的性质基础上给出求解算法，算法时间复杂度为 $O(n\log n)$；另一种情形是限制性问题，分析表明它是 NP 难问题。

（2）研究带资源依赖和位置依赖的加工时间的单机问题。在此问题中，工件实际加工时间综合考虑额外的资源消费所致的时间压缩和一般位置依赖的学习/退化效应两种因素。问题分线性资源消费函数和凸资源消费函数两种情形考虑，在每一情形下分别讨论了两个目标函数。其中一目标函数是时间表长、流水时间、完工时间总完全偏差与总压缩成本的加权和，另一目标函数涉及 JIT 调度问题，其目标是最小化工件提前、延误、提交时间与总压缩成本的加权和。对于每一情形的两个目标函数提供了时间复杂度为 $O(n^3)$ 的多项式时间算法，对情形二的一个特殊情况提供了时间复杂度为 $O(n\log n)$ 的多项式时间算法。

（3）研究资源指派和机器可得性约束这两种现象同时存在时的单机调度问题。不同于得到大量的关注和研究的含资源指派或机器可得性约束的调度问题，此处考虑的是 n 个凸资源依赖的工件安排在一台含一个不可得时间窗的单机上加工。主要涉及两个目标函数：时间表长函数和总资源消费函数。在其中一个目标不超过给定上限的条件下，找到最优工件调度和资源指派，使另一目标最小。分析表明，每一考虑的问题都是 NP 难问题。对于每一问题，提供了启发式优化算法，分析了算法的最坏情形性能比，给出了验证实例。

（4）研究同型机上时间表长最小化问题。由于消费额外的资源，每一工件的加工时间是线性可压缩的，但总压缩量是有限的。假定每一工件的加工时间在消费足够的资源时是可以减小的甚至减小至零。本书分析了所考虑问题的复杂度，提供了简单的混合整数规划模型。提出了 LS – 压缩和 LNPT - 压缩的两阶段启发式算法。为评价算法的性能，在分析它们性质的基础上，提供了参数依赖的最坏情形误差界。

（5）研究含凸资源依赖的加工时间的调度问题，涉及一般位置依赖的工作负荷。越来越多的研究关注带资源指派的调度问题，因为这类问题更加贴合生产的实际环境。考虑了两种机器环境：平行机和单机；分析了两个目标函数：总调度成本函数和总资源消费成本函数。调度目标是找到一个工件序列和资源指派，使在其中一个成本函数不超过给定上界的约束下，最小化另一成本函数。讨论了区别于机器环境、资源消费函数或目标函数的八类问题，并为每类考虑的问题提供了多项式时间算法。

（6）研究带退化且可控维护的单机调度问题。维护时长既依赖于其开始时间，又依赖于指派给它的资源量。目标是确定工件序列、维护位置及维护的资源消费量，使与绩效指标和资源相关的总成本最小。所考虑的绩效指标分别是时间表长、流水时间、最大延误及提前、延误和提交时间的组合，为每一问题都提供了多项式时间算法。

（7）研究单机上的共同提交时间窗指派问题，其中加工时间是一般位置依赖的，且涉及退化且可控的维护活动。本书考虑了两个模型，维护时长是时间依赖且可压缩的或是位置依赖且可压缩的。目标是寻找提交时间窗的位置和长度、维护的位置和资源最优消费量、工件序列，使与工件提前、延误、提交时间窗位置和长度及维护资源消费有关的总成本最小。每一问题的求解均归结为多项式时间的指派问题，并提供了验证的实例。

1.4.2　创新点

含有可控时间参数的生产调度问题，具有较重要的理论意义和学术价值，吸引了众多学者的关注。针对这一生产调度理论研究的关注点，本书做了详细的研究工作，主要的创新点概括如下。

（1）通过分析经典生产调度理论研究中从准备释放到生产及维护，再到完工提交的系统过程，将可变的释放时间、资源依赖的加工时间、可压缩的维护时间及可指派的提交时间（窗）等统一在可控时间参量的范畴之内，这为调度理论研究的系统化与规范化提供了新的视角。可控时间指的是在一定的条件下工件或机器的时间参量具有适当的弹性，往往通过增加或减少资源使用量来控制时间，或者生产商和客户之间通过协商或柔性合同规定增加一定的惩罚项（成本）来界定时间。此处的可控性都是从调度决策者角度来做出判断的，即调度决策者可以通过安排自己的生产活动对其进行控制的一种属性。

（2）通过分析存在于易逝商品生产及化学加工工业中存在的工件过早释放，等待加工需要等待成本的问题，提出了释放时间的 V - 型资源消费函数。实际上这是将 JIT 理念从工件的交付配送端迁移到工件的准备释放端，不仅是对经典调度理论中含工件释放时间调度研究的拓展，也是对 JIT 调度的新认识：在工件的准备和释放阶段，可以通过增加/减少一定的成本来控制释放时间。分析了目标函数含时间表长、总完工时间和总释放成本的单机调度问题，并将所考虑的问题根据初始释放时间是否有限制而区分为两种情形。对于初始释放时间较小的限制性问题，基于释放与交付对称的思想，得出其为 NP 难问题。对于初始释放时间不加以限制的情形，相应地采用了扰动法来确定初始释放时间，这一方法相比詹森等的作差比较法，更简洁且可应用到更一般的问题（见 2.5 节）。

（3）结合工件加工中的学习/退化效应，研究含可控加工时间的生产调度问题：联合线性或凸资源指派与加工位置来定义工件实际的加工时间，并且提出具有变量可分离的一般形式，研究了单机问题；在凸资源指派中，建立了涉及一般位置依赖工作负荷的调度模型，讨论了平行机和单机情境下的问题。对这两个模型所考虑的问题提供了优化算法，它们都涵盖了大量已有调度研究文献的结论。这对生产调度理论的规范化和系统化具有一定促进作用。

（4）机器含有不可得性约束的问题一般属于含维护保养的调度研究范畴，是调度领域研究的一个难点。据我们所知，在确定性调度领域综合考虑机器维护活动（rm 活动除外）与可控加工时间的研究仍然是空白，本书在这方面做了初步工作。针对机器运行过程中存在的维护问题，并结合资源指派理论，研究机器带不可得时间窗且工件可控的单机调度问题。即研究了加工时间是凸资源依赖的情况下，机器含一个不可得时间窗的时间表长问题及总资源消费最小化问题。分析结果显示，这两个问题都是 NP 难问题，在分析问题性质的基础上给出了近似算法，讨论了算法的最坏情况比的误差界。这一工作对如何协调机器运行维护与工件资源指派做了一些有益的探索。

（5）含机器维护的生产调度问题得到了大量研究，但是维护时间可控的生产调度问题始终未有涉及。本书将资源指派理论引入至效率调整活动的维护情形，分析了单机环境下时间表长问题、流水时间问题、最大延误问题和提交时间指派问题，提供了相应的优化算法。而其中的提交时间指派问题是与精益生产的理念相对应的 JIT 调度问题，在本书中它也属于可控提交时间的范畴。本书还研究了可控的提交时间窗问题，结合退化且可控的机器效率调整维护活动，以及位置依赖的工件加工时间，这样一种复杂调度环境下的集成调度模型，提供了获得问题最优解的优化算法。这些机器含维护且维护时长可控及与可控提交时间相融合的调度模型与优化算法的研究和完善，对协调机器运行维护与工件交付配送的管理与决策具有一定的实践指导意义，也丰富和发展了调度优化的理论研究。

1.5
内容组织和框架结构

本节概述了全书的研究内容和章节安排，给出了各章节内容之间的对应关系，并且提供了内在联系的框架结构图。

1.5.1　内容组织

在实际生产计划和调度中，可将整个过程分为工件的准备和释放阶段、机器加工和维护阶段、工件的提交和配送阶段。本书针对各阶段中出现的若干时间可控性问题，建立了相应的生产调度模型，分析了各问题的复杂度，提供了相应的求解算法。本书的内容组织安排如下。

第 1 章为绪论部分。介绍了本书的研究背景与意义，阐述了调度优化问题及其表述方法与分类和常见调度优化算法，对含可控释放时间的问题、含可控加工时间的问题、含机器维护时间的问题及含可控提交时间的问题的现有相关研究文献进行了综述，给出了本书的主要研究工作和创新点，概括了本书的主要工作内容及框架组织结构。

第 2 章研究了含有可控释放时间的生产调度问题。这是对经典调度理论中含工件释放时间调度研究的拓展：在工件的准备和释放阶段，可以通过增加一定的资源消费来控制释放时间。通过分析易逝商品生产中及化学加工工业中存在的工件过早释放，等待加工导致需要一定的成本，提出了 V – 型的释放时间的资源消费函数。在此基础上分析了目标函数含时间表长、总完工时间和总释放成本的单机调度问题。得出限制性问题是 NP 难问题，给出非限制性问题的优化求解算法。

第 3 章研究了含有可控加工时间的单机调度问题。结合工件加工中的学习/退化效应、机器运行中的维护活动等多方面建立调度模型并给出优化算法，主要包括如下两个方面。

（1）结合资源依赖型加工时间和加工过程中的学习/退化效应，提出联合资源指派与加工位置来定义工件实际的加工时间并且具有变量可分离的形式。在单机上考虑只与工件完工时间有关的一个目标函数和与工期有关的工期指派问题。对两个目标函数分别考虑了线性和凸的资源消费函数两种情形，给出了优化算法。

（2）针对机器运行过程中存在的维护问题，并结合资源指派理论，研究机器带不可得时间窗且工件可控的单机调度问题。本章考虑了最大资源消费约束下最小化时间表长问题和最大时间表长约束下最小化总资源消费问题。证明了它们都是 NP 难问题，分别给出了近似算法，讨论了算法的最坏情况比的误差界。

第 4 章研究了含有可控加工时间的平行机调度问题。针对线性可控的加工时间的一种特殊情形，及含凸减资源消费函数和一般位置依赖学习/退化效应的平行机问题，建立模型并给出优化算法，主要包括如下两个方面。

（1）在经典 NP 难问题 $Pm \mid\mid C_{\max}$ 基础上，本章分析了当工件加工时间线性可控时的情形。给出了给定工件划分时的最优压缩指派，基于 LPT 规则和 LS 规则构建了该问题的两个两阶段近似算法，并分析了算法的绩效比。

（2）在凸资源指派理论中，大量含可控加工时间的调度研究文献涉及一般位置依赖工作负荷。在前人研究的基础上，本章归纳总结了平行机和单机上的四对共八个/类问题，给出了相应的多项式时间优化算法。

第 5 章研究含有机器维护且维护时间可控的生产调度问题，将资源指派理论拓展至效率调整活动的维护情形，分析了时间表长问题、流水时间问题、最大延误问题和工期指派问题，对每一问题提供了相应的优化算法。

第6章研究含有可控提交时间的生产调度问题。基于精益制造中准时制生产的理念，本章在调度问题中考虑了工期（窗）指派问题，结合了退化且可控的机器维护活动。共研究了两种退化关系：时间依赖的退化和位置依赖的退化，同时工件加工时间也是位置依赖的。在这样一种集成调度环境下，分析了最优解的性质，提供了获得问题最优解的算法，并给出了验证实例。

第7章对全书进行了总结与展望。简要总结了全书的结论，概括了本书的主要成果，指出了有待进一步研究的方向。

1.5.2 框架结构

本书关注具有可控时间参数的几类调度优化问题，主要是建立相关的生产调度模型并对其优化算法进行研究。各章节内容之间的联系和本书的框架结构如图 1.1 所示。

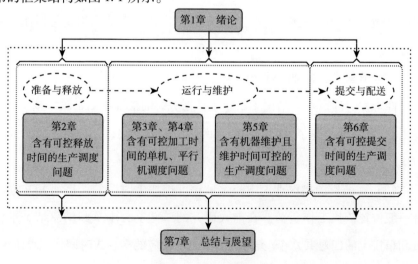

图 1.1 本书框架结构

第2章

含有可控释放时间的
生产调度问题

2.1

引言

　　工件加工前一般是需要耗费一定的"预处理"时间，用来准备加工过程中使用的原材料或者半成品。这个时间，我们常常称为工件的释放时间或准备时间。但是并不是所有的工件都是一释放即可以进行加工的，也就是工件释放到加工之间存在一个等待加工的过程，即等待时间。

　　而对于某些行业，这段等待时间是不能忽略的。从1.3.1节对含有资源依赖的释放时间的文献综述可知，它们都忽略了工件的等待时间。实际上，工件的等待时间可以通过推迟工件的释放时间直至其开始加工来消除。换言之，工件等待加工若需要成本的话，这一成本也可以看作是释放成本的一部分，因为这是由于工件提前释放产生的。在这一情况下，初始释放时间可以看成是工件的"目标开始时间"（Hoogeveen & Velds, 2001; Hassin, Refael & Shani, 2005）。

上述这种工件提前释放需要成本这一情境，也会出现在实际生产计划和控制中。由于原材料（工件）的释放时间一般是供应商和制造商谈判达成，为避免延误加工，制造商可通过更早加工工件来实现，因此，希望通过补偿原材料供货商来获得工件的更早释放。另外，工件释放之后未加工也会产生不必要的库存成本，这可以转化为工件释放成本的一部分。这往往出现在涉及易逝商品的生产中，如黏性材料的处理、混凝土浇筑、易腐食品加工。另一个例子可在化学加工工业中找到，产生化合物原料（工件）的正常化学反应时间即是初始释放时间，可通过催化剂来减小化合物原料（工件）的释放时间，而抑制剂可以增加工件的释放时间。因此，工件的释放时间是可以通过催化剂/抑制剂的使用来控制的，即存在释放成本。

考虑到工件无论是提前释放还是延后释放都会产生一定的成本，本章在单机环境下建立了对应的模型来描述这一现象，目标是确定工件序列和它们的释放时间，使释放成本、时间表长和总完工时间加权和最小。这一工作受凯万法尔等（Kayvanfar et al., 2013）考虑的工件加工时间可以一定范围内增加或减少从而可控的调度问题的启发。

2.2 问题描述

假设工件集合 $J = \{J_1, \cdots, J_n\}$ 包含 n 个相互独立的工件，将其安排在一台单机上进行加工。机器每个时刻只能加工一件工件且工件不允许中断。所有工件具有一个共同的最初释放时间 v，该释放时间是事先确定的。以 r_j、p_j、C_j 和 S_j 分别记录工件 J_j 的实际释放时间、加工时间、完工时间和开始时间。根据上面有关工件释放成本的阐述，我们可以假定工件一旦释放就必须进行加工。也就是工件 J_j 的开始时间 S_j 满足 $S_j = r_j$。释放时间 r_j 的资源消费函数为：

$$f(r_j) = \alpha\max\{v - r_j, 0\} + \beta\max\{r_j - v, 0\}$$

其中，α、β 分别为工件提前和延后释放的单位成本。资源消费函数 $f(r_j)$ 所示的 V – 型如图 2.1（a）所示。而大部分涉及带资源依赖的释放时间的文献中，释放时间的资源消费函数是：

$$f(r_j) = \alpha\max\{v - r_j, 0\}$$

其形状如图 2.1（b）所示。

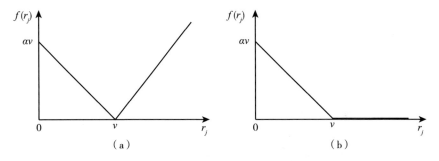

图 2.1 释放时间的两类资源消费曲线

以向量 $\pi = \{J_{[1]}, \cdots, J_{[n]}\}$ 记录工件集 J 的一个工件序列，其中 $J_{[j]} = J_k$ 表示 J_k 是安排在序列的第 j 个位置，向量 $r = \{r_{[1]}, \cdots, r_{[n]}\}$ 记工件序列 π 对应的释放时间。假定 Π 为所有可行工件序列的集合，R 为释放时间 r 的可行集合。定义总成本 $Z(\pi, r)$ 为：

$$Z(\pi, r) = \sum_{j=1}^{n} f(r_{[j]}) + \theta \max_{1 \leqslant j \leqslant n}\left\{r_{[j]} + \sum_{i=j}^{n} p_{[i]}\right\} + \gamma \sum_{j=1}^{n}(r_{[j]} + p_{[j]})$$

显然，项 $\sum_{j=1}^{n} f(r_{[j]})$ 是释放成本，$\max_{1 \leqslant j \leqslant n}\{r_{[j]} + \sum_{i=j}^{n} p_{[i]}\}$ 是时间表长，$\sum_{j=1}^{n}(r_{[j]} + p_{[j]})$ 是总完工时间。我们的目标是找一个最优工件序列 π^* 和

它对应的释放时间序列 r^* ，使得：

$$Z(\pi^*, r^*) = \min_{\pi \in \Pi, r \in R} Z(\pi, r)$$

2.3

限制性问题的复杂度

我们分两种情况考虑这个问题：如初始释放时间足够大，例如，$v \geqslant \sum_{j=1}^{n} p_j$ ，则称释放时间是非限制的（unrestricted），对应的问题为非限制性问题。若初始释放时间是严格小的，也就是 $v < \sum_{j=1}^{n} p_j$ ，则对应的问题称为限制性问题。对于限制性问题，易知即使对于 $\alpha = \beta = 1$ 和 $\theta = \gamma = 0$ 的特殊情形，它也是 NP 难的。即有下面的定理：

定理 2.1 当初始释放时间 $v < \sum_{j=1}^{n} p_j$ 时，最小化工件释放时间完全偏差 $\sum_{j=1}^{n} |r_j - v|$ 问题是一般 NP 难问题。

证明 给定工件的共同工期 d 的情况下，最小化完工时间总偏差 $\sum_{j=1}^{n} |C_j - d|$ 问题，是普遍且熟知的调度问题，并且得到了大量文献的关注和研究（Józefowska & Joanna，2007）。分析易知，最小化工件释放时间完全偏差 $\sum_{j=1}^{n} |r_j - v|$ 问题和最小化完工时间总偏差 $\sum_{j=1}^{n} |C_j - d|$ 问题具有相似对称性。

注意到霍尔等（Hall et al.，1991）、胡格文和范德费尔德（Hoogeven & van de Velde，1991）证明带限制工期的最小化完工时间总偏差的决策问题是一般 NP 完全问题，可以将其归结为奇偶划分问题，这是一个著名的

一般 NP 难问题。显然只需要做些小修改，这种归结方式对于最小化工件释放时间完全偏差的约束问题也是有效的。所以容易得到结论，当初始释放时间 $v < \sum_{j=1}^{n} p_j$ 时，最小化工件释放时间完全偏差 $\sum_{j=1}^{n} |r_j - v|$ 问题是一般 NP 难问题，具体证明在此省略。

反之，若初始释放时间满足：$v \geqslant \sum_{j=1}^{n} p_j$，即初始释放时间是非限制的，对应的问题则是多项式时间可解的。接下来我们对该非限制性问题进行分析，并提供有效的求解算法。

2.4
非限制性问题的优化算法

2.4.1 最优性质

在本小节，我们假定工件的共同初始释放时间是非限制的，即 $v \geqslant \sum_{j=1}^{n} p_j$。实际上，这里考虑的这个问题是将崔等（Choi et al.，2007）和詹森等（Janssen et al.，2011）考虑的问题推广到更一般的情形。具体来说，如果规定 $\beta = 0$ 和 $\theta = 0$，本模型将退化为他们所考虑的情形。

比较直观的结论是，任一最优解中工件之间不含空闲时间。我们有下面的引理：

引理 2.1 最优解中工件之间不含空闲时间。

证明 当工件之间含有空隙的话，我们可以证明消除该空隙可以减小调度成本（见图 2.2）。对于给定的一个可行解 (π, r)，其成本为 $Z(\pi, r)$。假定存在某个正整数 $k(0 < k < n)$ 使 $r_{[k]} + p_{[k]} < r_{[k+1]}$，并记该空隙长

为 $\Delta = r_{[k+1]} - (r_{[k]} + p_{[k]})$。

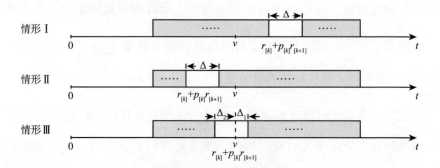

图 2.2　空闲时间的三种情形

　　下面我们可以通过改变工件序列 π 中部分工件的实际释放时间，消除工件 $J_{[k]}$ 和 $J_{[k+1]}$ 之间的空闲，构造一个新的可行解 (π, r')，其成本为 $Z(\pi, r')$，使 $Z(\pi, r') < Z(\pi, r)$。

　　情形 I：$v \leqslant r_{[k]} + p_{[k]}$

　　将序列 π 中空闲后 $n - k$ 个工件向前移动 Δ 个单位，也就是令实际释放时间：

$$r' = (r'_{[1]}, \cdots, r'_{[n]}) = (r_{[1]}, \cdots, r_{[k]}, r_{[k+1]} - \Delta, \cdots, r_{[n]} - \Delta)$$

将得到：

$$Z(\pi, r') = Z(\pi, r) - (n - k)\beta\Delta - \theta\Delta - (n - k)\gamma\Delta < K(\pi, r)$$

　　情形 II：$v \geqslant r_{[k+1]}$

　　当 $\alpha > \gamma$，将序列 π 中前 k 个工件后移 Δ 个单位，也就是令：

$$r' = (r'_{[1]}, \cdots, r'_{[n]}) = (r_{[1]} + \Delta, \cdots, r_{[k]} + \Delta, r_{[k+1]}, \cdots, r_{[n]})$$

于是得到：

$$Z(\pi, r') = Z(\pi, r) - k\alpha\Delta + k\gamma\Delta < Z(\pi, r)$$

　　当 $\alpha \leqslant \gamma$，将序列 π 中空闲后 $n - k$ 个工件向前移动 Δ 个单位，也就是令：

$$r' = (r'_{[1]}, \cdots, r'_{[n]}) = (r_{[1]}, \cdots, r_{[k]}, r_{[k+1]} - \Delta, \cdots, r_{[n]} - \Delta)$$

可以得到：

$$Z(\pi,r') < Z(\pi,r) + (n-k)\alpha\Delta - \theta\Delta - (n-k)\gamma\Delta < Z(\pi,r)$$

情形Ⅲ：$r_{[k]} + p_{[k]} < v < r_{[k+1]}$

令 $\Delta_1 = r_{[k+1]} - v$，$\Delta_2 = v - (r_{[k]} + p_{[k]})$。先使用情形Ⅰ中的方法消除空闲 Δ_1，再使用情形Ⅱ中的方法消除空闲 Δ_2。

归纳上面的讨论可得结论：在最优解中，工件间不含空闲时间。

因此，根据引理 2.1，得到 $r_{[j]} = r_{[1]} + \sum_{i=1}^{j-1} p_{[i]}$。这样我们可以将目标函数 $Z(\pi,r)$ 改写为：

$$Z(\pi,r) = \sum_{j=1}^{n} f(r_{[j]}) + \theta\left(r_{[1]} + \sum_{j=1}^{n} p_{[j]}\right) + \gamma\left(nr_{[1]} + \sum_{j=1}^{n}\sum_{i=1}^{j} p_{[i]}\right)$$

考虑的问题就等价于确定最优序列和它的开始时间。下面的引理进一步界定了最优解开始时间的可能情形。

引理 2.2　存在如下情形的最优解：开始时间要么为零，即 $r_{[1]} = 0$；要么某个工件 $J_{[k]}$ 在时间 v 释放，即 $r_{[k]} = v$ 或者 $r_{[1]} = v - \sum_{i=1}^{k-1} p_{[i]}$。

证明　假设给定最优工件序列 $\pi = \{J_{[1]},\cdots,J_{[n]}\}$，我们分以下三种情形来讨论序列的最优开始时间为 $r_{[1]} = 0$ 或 $r_{[1]} = v - \sum_{j=1}^{k-1} p_{[j]}$，如图 2.3 所示。

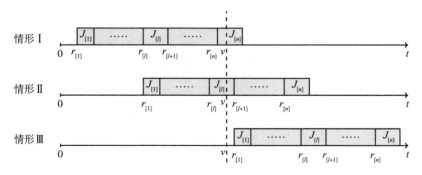

图 2.3　三种情形下最优解的构建

情形Ⅰ：$0 \leqslant r_{[1]} \leqslant v - \sum_{i=1}^{n-1} p_{[i]}$，也就是 $v \geqslant r_{[n]}$

在这种情形下，总成本可改写为：

$$Z(\pi,r) = \alpha \sum_{j=1}^{n} (v - r_{[j]}) + \theta \left(r_{[1]} + \sum_{j=1}^{n} p_{[j]} \right) + \gamma \left(nr_{[1]} + \sum_{j=1}^{n} \sum_{i=1}^{j} p_{[j]} \right)$$

替换表达式 $r_{[j]} = r_{[1]} + \sum_{i=1}^{j-1} p_{[i]}$，并化简可得：

$$Z(\pi,r) = n\alpha v + [n(\gamma - \alpha) + \theta]r_{[1]}$$

$$+ \sum_{j=1}^{n} [(n-j)(\gamma - \alpha) + \theta + \gamma]p_{[j]}$$

因为 $n\alpha v$ 和 $\sum_{j=1}^{n} [(n-j)(\gamma - \alpha) + \theta + \gamma]p_{[j]}$ 为常数且与 $r_{[1]}$ 无关，要最小化总成本 $K(\pi,r)$，必须满足下列条件之一：

（1）如 $n(\gamma - \alpha) + \theta \geqslant 0$，则 $r_{[1]} = 0$；

（2）如 $n(\gamma - \alpha) + \theta < 0$，则 $r_{[1]} = v - \sum_{i=1}^{n-1} p_{[i]}$，即 $r_{[n]} = v$。

情形 Ⅱ：$v - \sum_{i=1}^{l} p_{[i]} \leqslant r_{[1]} \leqslant v - \sum_{i=1}^{l-1} p_{[i]}$，也即 $r_{[l]} \leqslant v \leqslant r_{[l+1]}$（$1 \leqslant l \leqslant n-1$）。

在这种情形下，总成本可以改写为：

$$Z(\pi,r) = \alpha \sum_{j=1}^{l} (v - r_{[j]}) + \beta \sum_{j=l+1}^{n} (r_{[j]} - v)$$

$$+ \theta \left(r_{[1]} + \sum_{j=1}^{n} p_{[j]} \right) + \gamma \left(nr_{[1]} + \sum_{j=1}^{n} \sum_{i=1}^{j} p_{[i]} \right)$$

替换表达式 $r_{[j]} = r_{[1]} + \sum_{i=1}^{j-1} p_{[i]}$，并化简可得：

$$Z(\pi,r) = [l\alpha - (n-l)\beta] + (n\gamma + \theta - l\alpha)r_{[1]}$$

$$+ \sum_{j=1}^{l} [(l-j)\alpha + \theta + (n-j+1)\gamma]p_{[j]}$$

$$+ \sum_{j=l+1}^{n} [(n-j)\beta + \theta + (n-j+1)\gamma]p_{[j]}$$

与情形 Ⅰ 类似，如 $n\gamma + \theta - l\alpha \geqslant 0$，令 $r_{[1]} = v - \sum_{i=1}^{l} p_{[i]}$，即 $r_{[l+1]} = v$；

如 $n\gamma + \theta - l\alpha < 0$，令 $r_{[1]} = v - \sum_{i=1}^{l-1} p_{[i]}$，即 $r_{[l]} = v$。

情形 Ⅲ：$r_{[1]} \geqslant v$。

在这种情形下，总成本可以改写为：

$$Z(\pi,r) = \beta \sum_{j=1}^{n} (r_{[1]} - v) + \theta \left(r_{[1]} + \sum_{j=1}^{n} p_{[i]} \right) + \gamma \left(nr_{[1]} + \sum_{j=1}^{n} \sum_{i=1}^{j} p_{[i]} \right)$$

替换表达式 $r_{[j]} = r_{[1]} + \sum_{i=1}^{j-1} p_{[i]}$，并化简可得：

$$Z(\pi,r) = [n\beta + \theta + n\gamma]r_{[1]} + \sum_{j=1}^{n} [(n-j)\beta + \theta + (n-j+1)\gamma]p_{[j]}$$

因为 $n\beta + \theta + n\gamma \geqslant 0$ 和 $\sum_{j=1}^{n} [(n-j)\beta + \theta + (n-j+1)\gamma]p_{[j]}$ 是常数且不依赖于 $r_{[1]}$，令 $r_{[1]} = v$ 可以最小化总成本 $Z(\pi,r)$。

因此，我们得到结论：存在开始时间 $r_{[1]} = 0$ 或某个工作 $J_{[k]}$ 的释放时间 $r_{[k]} = v$ 的最优解。采用崔等（Choi et al.，2007）和詹森等（Janssen et al.，2011）的记法，以 P(k)，$k=1$，…，n 表示对应情形 $r_{[k]} = v$ 的问题，P(0) 表示对应情形 $r_{[1]} = 0$ 的问题。对应的目标函数分别为 $Z_k(\pi,r)$ 和 $Z_0(\pi,r)$。根据引理 2.1 和引理 2.2，我们将每一种情形下的目标函数改写如下：

引理 2.3 对问题 P(0)，成本 $Z_0(\pi,r)$ 可改写为：

$$Z_0(\pi,r) = n\alpha v + \sum_{j=1}^{n} w_j^{(0)} p_{[j]} \tag{2.1}$$

其中，

$$w_j^{(0)} = (n-j+1)\gamma + \theta - (n-j)\alpha \tag{2.2}$$

证明 由于 $r_{[1]} = 0$，$r_j = \sum_{i=1}^{j-1} p_{[i]} < v(j = 2,\cdots,n)$，目标函数为（令 $\sum_{j=1}^{0} = 0$）：

$$Z_0(\pi,r) = \alpha \sum_{j=1}^{n} \left(v - \sum_{i=1}^{j-1} p_{[i]} \right) + \theta \sum_{j=1}^{n} p_{[i]} + \gamma \sum_{j=1}^{n} \sum_{i=1}^{j} p_{[i]}$$

$$= n\alpha v - \alpha \sum_{j=1}^{n} (n-j)p_{[j]} + \theta \sum_{j=1}^{n} p_{[j]}$$

$$+ \gamma \sum_{j=1}^{n} (n-j+1)p_{[i]}$$

$$= n\alpha v + \sum_{j=1}^{n} \big[(n-j+1)\gamma + \theta - (n-j)\alpha \big] p_{[j]}$$

证毕。

引理 2.4 对问题 $P(k)$，成本 $Z_k(\pi, r)$ 可改写为：

$$Z_k(\pi, r) = (\theta + n\gamma)v + \sum_{j=1}^{n} w_j^{(k)} p_{[j]} \tag{2.3}$$

其中，

$$w_j^{(k)} = \begin{cases} j\alpha - (j-1)\gamma & j = 1, \cdots, k-1 \\ (n-j)\beta + \theta + (n-j+1)\gamma & j = k, \cdots, n \end{cases} \tag{2.4}$$

证明 对于问题 $P(k)$，因为 $r_{[j]} = v - \sum_{i=j}^{k-1} p_{[i]} (j < k)$ 和 $r_{[j]} = v + \sum_{i=k}^{j-1} p_{[i]} (j \geq k)$，目标函数 $Z_k(\pi, r)$ 可改写如下：

$$Z_k(\pi, r) = \alpha \sum_{j=1}^{k} \sum_{i=j}^{k-1} p_{[i]} + \beta \sum_{j=k+1}^{n} \sum_{i=k}^{j-1} p_{[i]} + \theta \left(v - \sum_{i=1}^{k-1} p_{[i]} + \sum_{j=1}^{n} p_{[i]} \right)$$

$$+ \gamma \left[n \left(v - \sum_{i=1}^{k-1} p_{[i]} \right) + \sum_{j=1}^{n} \sum_{i=1}^{j} p_{[i]} \right]$$

$$= \alpha \sum_{j=1}^{k-1} j p_{[i]} + \beta \sum_{j=k}^{n} (n-j) p_{[i]} + \theta \left(v + \sum_{j=k}^{n} p_{[i]} \right)$$

$$+ \gamma \left[nv - n \sum_{j=1}^{k-1} p_{[i]} + \sum_{j=1}^{n} (n-j+1) p_{[i]} \right]$$

$$= (\theta + n\gamma)v + \sum_{j=1}^{k-1} [j\alpha - (j-1)\gamma] p_{[j]}$$

$$+ \sum_{j=k}^{n} \big[(n-j)\beta + \theta + (n-j+1)\gamma \big] p_{[j]}$$

证毕。

事实上，存在一个正整数，记为 k^*，使 $Z_{k^*} = \min_{1 \leq k \leq n} \{Z_k\}$。下面的引

理说明 k^* 只依赖于成本参数，而与序列是无关的。

引理 2.5　任给工件序列和问题 P(k)，使 $Z_{k^*} = \min\limits_{1 \leqslant k \leqslant n} \{Z_k\}$ 的正整数

$k^* = \min\left\{\left\lceil \dfrac{n(\beta+\gamma)+\theta}{\alpha+\beta} \right\rceil, n\right\}$。

证明　可通过工件序列的扰动技术来证明。将工件序列左移 $\Delta(\Delta>0)$ 单位，导致成本增加，增加量记为 ΔZ_L，则：

$$\Delta Z_L = \left[k^*\alpha - (n-k^*)\beta - \theta - n\gamma\right]\Delta$$

当将工件序列右移 Δ（$\Delta>0$）单位，也将导致成本增加，增加量记作 ΔZ_R，则：

$$\Delta Z_R = \left[-(k^*-1)\alpha + (n-k^*+1)\beta + \theta + n\gamma\right]\Delta$$

对于所给工件序列和问题 P(k)，由 P(k^*) 的最优性可知，ΔZ_L 和 ΔZ_R 是非负的。据 $\Delta Z_L \geqslant 0$ 和 $\Delta Z_R \geqslant 0$ 得到 $k^* \geqslant \dfrac{n(\beta+\gamma)+\theta}{\alpha+\beta}$ 和 $k^*-1 \leqslant \dfrac{n(\beta+\gamma)+\theta}{\alpha+\beta}$。令 $k^* = n$，如 $\dfrac{n(\beta+\gamma)+\theta}{\alpha+\beta} > n$。又 k 是整数，所以 $k^* = \min\left\{\left\lceil \dfrac{n(\beta+\gamma)+\theta}{\alpha+\beta} \right\rceil, n\right\}$。

2.4.2　求解算法

我们注意到在式（2.1）和式（2.3）中，表达式 $Z_0(\boldsymbol{\pi}, r)$ 和 $Z_k(\boldsymbol{\pi}, r)$ 具有相似的结构：两向量数量积 $\sum\limits_{j=1}^{n} w_j p_{[j]}$。对于最小化数量积 $\sum\limits_{j=1}^{n} w_j p_{[j]}$ 问题，可使用下面的引理求解，这是线性代数中的一个重要结论。

引理 2.6　哈代等（Hardy et al.，1952）考虑两组正实数 x_i 和 y_i（$i=1,\cdots,n$）。相反单调序列使 $\sum\limits_{i=1}^{n} x_i y_i$ 取到最小值。

根据引理 2.6，为最小化 $\sum\limits_{j=1}^{n} w_j p_{[j]}$，只需要将加工时间 $p_{[j]}$ 与位置权重

w_j 匹配如下：将最大加工时间 p_j 的工作安排在具有最小权重的位置 w_j，第二大加工时间的工件安排在具有第二大权重的位置，以此类推。下面的算法将使所考虑问题的目标函数最小化。

算法 2.1 求解非限制性问题。

（1）据引理 2.5，计算 $k^* = \min\left\{\left\lceil \dfrac{n(\beta + \gamma) + \theta}{\alpha + \beta} \right\rceil, n\right\}$，通过式（2.2）和式（2.4）计算位置权重：$w_j^{(k)}$，$j = 1, \cdots, n$，其中 $k \in \{0, k^*\}$。

（2）对于每一 $k \in \{0, k^*\}$，将第 j 小权重的位置匹配给第 j 大加工时间的工件，获得最优工件序列 π。

（3）由式（2.1）和式（2.3）计算目标值 $Z_0(\pi, r)$ 和 $Z_{k^*}(\pi, r)$。具有较小值的工件序列为所求，计算其对应的各工件释放时间。

定理 2.2 非限制问题可由算法 2.1 求解且复杂度为 $O(n\log n)$。

证明 引理 2.1 ~ 2.6 保证了算法 2.1 的正确性。步骤（1）和步骤（2）分别需要 $O(n)$ 时间和 $O(n\log n)$ 时间。步骤（3）需要 $O(n)$ 时间，因此，算法的时间复杂度总共为 $O(n\log n)$。

2.4.3 验证算例

下面提供一个具体示例说明算法 2.1 求解带可控释放时间的单机调度问题，假设其中的共同初始释放时间是非限制性的。

算例 2.1 假设有 $n = 6$ 个工件，它们的加工时间按非增次序排列在表 2.1 中。假定 $v = 40$，$\alpha = 0.4$，$\beta = 0.1$，$\theta = 0.3$ 和 $\gamma = 0.2$。

表 2.1 算例 2.1 中的工件加工时间

J_j	J_1	J_2	J_3	J_4	J_5	J_6
p_j	10	9	7	5	4	3

解：步骤 1：由引理 2.5，计算 $k^* = \min\left\{\left\lceil \dfrac{n(\beta + \gamma) + \theta}{\alpha + \beta} \right\rceil, n\right\} = 5$；位

置权重：由式（2.2）和式（2.4）算得 $w_j^{(k)}$，$k \in \{0,5\}$（见表2.2）。

表 2.2　　　　　　　　　　**算例 2.1 中的位置权重**

j	1	2	2	4	5	6
$w_j^{(0)}$	− 0.5	− 0.3	− 0.1	0.1	0.3	0.5
$w_j^{(5)}$	0.4	0.6	0.8	1.0	0.8	0.5

步骤2：对于 P(0)，最优工件序列是 $\{J_1, J_2, J_3, J_4, J_5, J_6\}$；而 $\{J_1, J_3, J_5, J_6, J_4, J_2\}$ 是问题 P(5) 的最优工件序列。

步骤3：由式（2.1）和式（2.3）得目标值为 $Z_0 = 90.8$ 和 $Z_5 = 82.9$。于是最优值是 $Z_5 = 82.9$，最优序列是 $\pi = \{J_1, J_3, J_5, J_6, J_4, J_2\}$。释放时间向量是 $r = \{r_1, r_3, r_5, r_6, r_4, r_2\} = \{16, 26, 33, 37, 40, 45\}$。

2.5

本章小结

本章讨论的是有关可控释放时间的单机调度问题。假定所有工件具有一个共同的初始释放时间，无论工件提前释放还是延后释放都需要一定的成本。目标是最小化总释放成本、时间表长和总完工时间的加权平均。当限制初始释放时间较小时，对应的问题是 NP 难问题，而对初始释放时间比较大的非限制性问题，则是可由时间复杂度 $O(n\log n)$ 的多项式时间算法求解。通过本章的分析，可得如下结论。

（1）事实上，詹森等（Janssen et al.，2011）使用了作差比较的方法，寻找整数 k^*，使 $Z_{k^*} = \min\limits_{1 \leqslant k \leqslant n}\{Z_k\}$。该方法与此处使用的扰动法相比，略显复杂，而且他们的方法似乎无法应用到本章所讨论的这种更一般的问题。

（2）在詹森等（Janssen et al.，2011）的文献中，提供了一种复杂度为 $O(n\log n)$ 的改进算法求解崔等（Choi et al.，2007）考虑的问题。他们通过分析得出指派成本符合 *Monge* 性质（Burkard，1996），从而使用西北角规则（north – west corner rule）获得最优工件序列。该规则等价于由引理 2.6 引申出的权重匹配规则。

（3）在某种意义上说，本章所考虑的问题是属于准时制（just – in – time，JIT）调度问题（Józefowska，2007；Yang & Yang，2012）。不同之处是：一类关注于工件的释放阶段，另一类属于工件的提交阶段，而调度目标都与工件完工时间有关。

第3章

含有可控加工时间的
单机调度问题

3.1
引言

　　传统调度理论研究中，假定工件加工时间是不依赖于工件在加工序列中位置的常数。但是，这一假设在由于学习/退化（老化）效应使工件在不同时间与位置加工时加工时间会发生改变这一情境下常常是不成立的。例如，工人在多次重复相同操作，积累经验后，对工件的处理将更加娴熟，于是产生学习效应；但是，由于长时间高强度的工作，操作者疲劳或机器磨损会使晚处理的工件实际加工时间比正常时间长，这就是退化（老化）效应。在学习/退化效应下，工件加工序列中越迟加工的工件其实际加工时间将变得更短/长。这种可变加工时间的调度问题近年得到了大量研究者关注，也建立了不同的模型与标准来刻画这些现象。

一般采用两类函数：开始时间依赖的函数和加工位置依赖的函数，来描述工件的实际加工时间。简洁易处理的位置依赖的调度问题，得到了大量的研究。比斯库普（Biskup，1999）首先提出幂函数模型：$p_{jr} = p_j r^a$，其中 $a \leqslant 0$ 是学习因子，用来刻画位置 r 处工件 J_j 的实际加工时间。王和夏（Wang & Xia，2005）提出指数函数模型，即位置 r 处工件 J_j 的实际加工时间为：$p_{jr} = p_j \alpha^{r-1}$，其中 $0 < \alpha \leqslant 1$ 是学习因子。莫舍伊奥夫和西德尼（Mosheiov & Sidney，2003）认为，工人的学习过程应该受到加工工件本身的影响，因此建立了一般的基于位置的学习效应，即位置 r 处工件 J_j 的实际加工时间 $p_{jr} = p_j r^{a_j}$，其中 $a_j \leqslant 0$ 是依赖于工件的学习因子。实际上，这三个模型都可以涵盖在下面这个更一般的模型中：

$$p_{jr} = p_j f_j(r) \qquad (3.1)$$

其中，p_{jr} 是位置 r 处工件 J_j 的实际加工时间，p_j 是正常加工时间，$f_j(r)$ 是位置依赖和工件依赖的学习/退化因子。

本章讨论了含可控加工时间的两个单机问题，所考虑的加工时间都是依赖于连续可分的资源。3.2 节分析的是工件加工时间既依赖于资源且含上述学习/退化效应的单机问题，即工件实际加工时间都是依赖于位置的。3.3 节讨论了含凸资源依赖加工时间且机器带不可得时间窗的单机问题。

3.2

含可控且可变加工时间的单机调度问题

3.2.1 问题描述

定义问题讨论中使用的符号如表 3.1 所示，其他的符号将在问题介绍过程中单独定义。

表 3.1 第 3.2 节使用的符号

符号	含义
k	正常数
$[r]$	工件序列中的第 r 个位置
w_j	工件 J_j 的负荷
u_j	指派给工件 J_j 的资源量
c_j	指派给工件 J_j 的资源的单位成本
a_j	工件 J_j 的压缩率
d	所有工件的共同工期
$\overline{p_j}$	工件 J_j 的未压缩加工时间，也称为一般加工时间
$p_j(u_j)$	工件 J_j 的已压缩（资源依赖）加工时间
$f_j(r)$	位置 r 的工件 J_j 的工件—位置依赖的学习/退化因子
p_j^A	工件 J_j 的实际加工时间
C_j	工件 J_j 的完工时间
E_j	工件 J_j 的提前时间，即 $E_j = \max\{d - C_j, 0\}$
T_j	工件 J_j 的延误时间，即 $T_j = \max\{C_j - d, 0\}$
$C_{\max}$	最大完工时间，也称时间表长，即 $C_{\max} = \max\{C_j \mid j = 1, \cdots, n\}$
TC	总完工时间，也称流水时间，即 $\mathrm{TC} = \sum_{i=1}^{n} C_i$
TADC	完工时间的总完全偏差，即 $\mathrm{TADC} = \sum_{i=1}^{n} \sum_{j=i}^{n} \mid C_j - C_i \mid$

考虑单机环境下的 n 个工件的工件集 $J = \{J_1, \cdots, J_n\}$。所有工件在零

时刻释放；每一时刻机器只能加工一个工件且工件不允许中断。工件实际加工时间是资源依赖加工时间与工件依赖的学习/退化因子的乘积。也就是我们联合考虑资源指派与加工位置来界定实际加工时间。如果工件 J_j 安排在第 r 个位置，那么它的实际加工时间定义为：

$$p_j^A(u_j,r) = p_j(u_j)f_j(r) \qquad (3.2)$$

其中，第一个乘积因子为式（3.1）中的 p_j 替换为资源依赖的加工时间 $p_j(u_j)$，它是同一种连续可分资源的函数，具有式（1.3）的线性关系或式（1.4）的凸函数关系。第二个乘积因子 $f_j(r)$ 代表学习/退化效应，是工件和其加工位置的一般函数。给定工件序列 $s = (J_{[1]},\cdots,J_{[n]})$，含线性资源消费函数的称为线性模型，位置 r 的工件 $J_{[r]}$ 的实际加工时间是：

$$p_{[r]}^A = (\bar{p}_{[r]} - a_{[r]}u_{[r]})f_{[r]}(r),$$

$$r = 1,\cdots,n, 0 \leqslant u_{[r]} \leqslant \bar{u}_{[r]} < \bar{p}_{[r]}/a_{[r]} \qquad (3.3)$$

相应地，含凸资源消费函数的称为凸模型，位置 r 的工件 $J_{[r]}$ 的实际加工时间是：

$$p_{[r]}^A = \left(\frac{w_{[r]}}{u_{[r]}}\right)^k f_{[r]}(r), \quad r = 1,\cdots,n \qquad (3.4)$$

假设资源是不可再生的且消费总量是有限的。调度的目标是要确定工件序列 $s = (J_{[1]},\cdots,J_{[n]})$ 和资源消费向量 $\boldsymbol{u} = \{u_{[1]},\cdots,u_{[n]}\}$，使下面两个与工件完工时间或工期有关的目标函数最小化：

$$K_1(\boldsymbol{s},\boldsymbol{u}) = \alpha_1 C_{\max} + \beta_1 TC + \gamma_1 TADC + \theta_1 \sum_{j=1}^{n} c_j u_j \qquad (3.5)$$

$$K_2(\boldsymbol{s},\boldsymbol{u},\boldsymbol{d}) = \sum_{j=1}^{n}(\alpha_2 E_j + \beta_2 T_j + \gamma_2 d) + \theta_2 \sum_{j=1}^{n} c_j u_j \qquad (3.6)$$

其中，权重因子 α_i, β_i, γ_i 和 θ_i, $i = 1, 2$，为给定的非负常数，往往由决策者在实际环境中根据各度量的重要性决定，而共同工期 d 是决策变量。使用传统的三元域表示方法可表示为：

$$(P3-1) \quad 1|lin, rd-pd|K_1(s, u)$$

$$(P3-2) \quad 1|conv, rd-pd|K_1(s, u)$$

$$(P3-3) \quad 1|lin, rd-pd|K_2(s, u, d)$$

$$(P3-4) \quad 1|conv, rd-pd|K_2(s, u, d)$$

其中，lin 和 $conv$ 分别表示线性和凸资源消费关系，$rd-pd$ 代表实际加工时间既是依赖资源的又是依赖位置的。

3.2.2 问题 $1|rd-pd|K_1(s, u)$ 的优化算法

我们注意到 $C_{\max} = \sum_{r=1}^{n} p_{[r]}^A$ ，$TC = \sum_{r=1}^{n} (n-r+1) p_{[r]}^A$ 和 $TADC =$

$\sum_{r=1}^{n} (r-1)(n-r+1) p_{[r]}^A$ （Kanet，1981），目标函数 $K_1(s, u)$ 可表示如下：

$$\begin{aligned} K_1(s, u) &= \sum_{r=1}^{n} \left[\alpha_1 + (n-r+1)\beta_1 + (r-1)(n-r+1)\gamma_1 \right] p_{[r]}^A \\ &\quad + \theta_1 \sum_{r=1}^{n} c_{[r]} u_{[r]} \\ &= \sum_{r=1}^{n} b_r p_{[r]}^A + \theta_1 \sum_{r=1}^{n} c_{[r]} u_{[r]} \end{aligned} \tag{3.7}$$

其中，

$$b_r = \alpha_1 + (n-r+1)\beta_1 + (r-1)(n-r+1)\gamma_1 \tag{3.8}$$

3.2.2.1 $1|lin, rd-pd|K_1(s, u)$ 问题

考虑含线性资源消费函数（1.3）的问题 $1|lin, rd-pd|K_1(s, u)$。由式（3.3）可得：

$$u_{[r]} = \frac{1}{a_{[r]}} \left(\bar{p}_{[r]} - \frac{p_{[r]}^A}{f_{[r]}(r)} \right) \tag{3.9}$$

将式（3.9）代入式（3.7）并化简可得：

$$K_1(s,u) = \sum_{r=1}^{n} \left(b_r - \frac{\theta_1 c_{[r]}}{a_{[r]} f_{[r]}(r)} \right) p_{[r]}^A + \theta_1 \sum_{r=1}^{n} \frac{c_{[r]} \bar{p}_{[r]}}{a_{[r]}}$$

令：

$$\mu_{[r]} = b_r - \frac{\theta_1 c_{[r]}}{a_{[r]} f_{[r]}(r)}$$

则：

$$K_1(s,u) = \sum_{r=1}^{n} \mu_{[r]} p_{[r]}^A + \theta_1 \sum_{r=1}^{n} \frac{c_{[r]} \bar{p}_{[r]}}{a_{[r]}} \tag{3.10}$$

显然 $\mu_{[r]}$，$r = 1, \cdots, n$，代表一个调度中位置 r 的权重。对于给定的工件序列，$p_{[r]}^A = p_{[r]}(u_{[r]}) f_{[r]}(r)$，其中 $p_{[r]}(u_{[r]})$ 是资源依赖的，$f_{[r]}(r)$ 是固定的。因为对于任意给定工件序列，$\theta_1 \sum_{r=1}^{n} \frac{c_{[r]} \bar{p}_{[r]}}{a_{[r]}}$ 是常数，所以位置权重为负的工件应取未压缩加工时间；权重为正的位置的工件，资源依赖的加工时间应该取完全压缩时间；而位置权重为零处的工件，其最优资源依赖加工时间可以取 $\bar{p}_{[r]} - a_{[r]} \bar{u}_{[r]}$ 和 $\bar{p}_{[r]}$ 之间的任意值。于是位置 r 处的工件，其最优资源依赖加工时间为：

$$p_{[r]}(u_{[r]}) = \begin{cases} \bar{p}_{[r]} & \mu_{[r]} < 0 \\ p_{[r]}(u_{[r]}) \in \left[(\bar{p}_{[r]} - a_{[r]} \bar{u}_{[r]}), \bar{p}_{[r]} \right] & \mu_{[r]} = 0 \\ \bar{p}_{[r]} - a_{[r]} \bar{u}_{[r]} & \mu_{[r]} > 0 \end{cases}$$

$$\tag{3.11}$$

其实际加工时间 $p_{[r]}^A = p_{[r]}(u_{[r]}) f_{[r]}(r)$，$r = 1, \cdots, n$，也就是：

$$p_{[r]}^A = \begin{cases} \bar{p}_{[r]} f_{[r]}(r) & \mu_{[r]} < 0 \\ p_{[r]} \in \left[(\bar{p}_{[r]} - a_{[r]} \bar{u}_{[r]}) f_{[r]}(r), \bar{p}_{[r]} f_{[r]}(r) \right] & \mu_{[r]} = 0 \\ (\bar{p}_{[r]} - a_{[r]} \bar{u}_{[r]}) f_{[r]}(r) & \mu_{[r]} > 0 \end{cases}$$

$$\tag{3.12}$$

因此，将表达式代入式（3.9），得最优资源指派为：

$$
u_{[r]}^* = \begin{cases} 0 & \mu_{[r]} < 0 \\ u_{[r]} \in [0, \bar{u}_{[r]}] & \mu_{[r]} = 0 \\ \bar{u}_{[r]} & \mu_{[r]} > 0 \end{cases} \tag{3.13}
$$

据上面的分析，可以得到下面结论：

引理 3.1 对问题 P3 - 1，给定工件序列 $\{J_{[1]}, \cdots, J_{[n]}\}$，位置 r 处的最优资源依赖加工时间、实际加工时间和资源指派分别由式（3.11）、式（3.12）和式（3.13）确定。

证明 由上面的分析易得，证略。

下面确定问题 $1 \mid lin, rd - pd \mid K_1(\boldsymbol{s}, \boldsymbol{u})$ 的最优工件序列。对 $1 \leqslant j, r \leqslant n$，令：

$$
\mu_{jr} = b_j - \frac{\theta_1 c_j}{a_j f_j(r)} \tag{3.14}
$$

据式（3.12），如工件 J_j 安排在位置 r，其最优实际加工时间为：

$$
p_{jr} = \begin{cases} \bar{p}_j f_j(r) & \mu_{jr} < 0 \\ p_j \in [(\bar{p}_j - a_j \bar{u}_j) f_j(r), \bar{p}_j f_j(r)] & \mu_{jr} = 0 \\ (\bar{p}_j - a_j \bar{u}_j) f_j(r) & \mu_{jr} > 0 \end{cases}
$$

于是有：

$$
\mu_{jr} p_{jr} = \begin{cases} \mu_{jr} \bar{p}_j f_j(r) & \mu_{jr} < 0 \\ 0 & \mu_{jr} = 0 \\ \mu_{jr} (\bar{p}_j - a_j \bar{u}_j) f_j(r) & \mu_{jr} > 0 \end{cases} \tag{3.15}
$$

显然，$\mu_{jr} p_{jr}$ 代表了在一个工件序列中将工件 J_j 指派给位置 r 的成本。

对任意序列，$\theta_1 \sum_{r=1}^{n} \dfrac{c_{[r]} \bar{p}_{[r]}}{a_{[r]}}$ 都是常数（即与序列无关）。所以，最优调度

可以通过最小化式（3.10）中的项 $\sum_{r=1}^{n} \mu_{[r]} p_{[r]}^{A}$ 获得，这可以转化为一个指派问题。以 $\mu_{jr} p_{jr}$ 代表将工件 J_j 指派给位置 r 的权重，那么指派问题可描述为：

$$\text{Min} \quad \sum_{j=1}^{n} \sum_{r=1}^{n} \mu_{jr} p_{jr} \chi_{jr} \qquad (3.16)$$

$$\text{s. t.} \quad \sum_{j=1}^{n} \chi_{jr} = 1 \quad r = 1, \cdots, n$$

$$\sum_{r=1}^{n} \chi_{jr} = 1 \quad j = 1, \cdots, n$$

$$\chi_{jr} \in \{0,1\} \quad 1 \leqslant j, r \leqslant n \qquad (3.17)$$

其中，$\chi_{jr} = 1$ 表示工件 J_j 指派给了位置 r；否则，$\chi_{jr} = 0$。式（3.17）中，第一个约束集使每个位置指派一个工件；第二个约束集确保每个工件指派给一个位置。而目标函数中每一项为最优序列中的每个指派的成本。

由上面的讨论，可得求解问题 $1 \mid lin, rd - pd \mid K_1(\boldsymbol{s}, \boldsymbol{u})$ 的算法：

定理 3.1　算法 3.1 求解问题 $1 \mid lin, rd - pd \mid K_1(\boldsymbol{s}, \boldsymbol{u})$ 的复杂度为 $O(n^3)$。

算法 3.1　线性模型中最小化 $K_1(\boldsymbol{s}, \boldsymbol{u})$：

（1）输入 $\alpha_1, \beta_1, \gamma_1, \theta_1, a_j, c_j, \bar{p}_j, \bar{u}_j$，并计算 $f_j(r)$，$\mu_{jr}, p_{jr}, 1 \leqslant j, r \leqslant n$。

（2）解式（3.15）~式（3.17）中的指派问题，得 $\sum_{r=1}^{n} \mu_{[r]} p_{[r]}^{A}$ 最小值和对应的最优工件序列 $\boldsymbol{s}$。

（3）由式（3.13）算得资源指派 $\boldsymbol{u}$。

（4）据式（3.10）计算 $K_1(\boldsymbol{s}, \boldsymbol{u})$ 最小值。

证明　由引理 3.1 和指派问题的求解可知算法正确。步骤（1）需要 $O(n^2)$ 时间；步骤（3）和步骤（4）都需要 $O(n)$ 时间；步骤（2）中的经典指派问题可由著名的匈牙利算法在 $O(n^3)$ 时间内求解（Papadimitriou & Steiglitz, 1998）。因此，算法的总时间复杂度为 $O(n^3)$。

3.2.2.2 $1|conv,rd-pd|K_1(s,u)$ 问题

首先，可以将资源变量从目标函数中消去，从而总成本可以改写为工件序列和工作负荷的函数；其次，在这两个参数基础上得出占优准则，从而获得最优工件调度。

给定一个工件序列，将式（3.4）代入式（3.7），得到凸模型的目标函数为：

$$K_1(s,u) = \sum_{r=1}^{n} b_r \left(\frac{w_{[r]}}{u_{[r]}} \right)^k f_{[r]}(r) + \theta_1 \sum_{r=1}^{n} c_{[r]} u_{[r]} \qquad (3.18)$$

其中，$b_r = \alpha_1 + (n-r+1)\beta_1 + (r-1)(n-r+1)\gamma_1$。接下来可以确定最优资源指派［记为 $u^*(s)$］为工件序列的函数，结论如下：

引理 3.2 给定工件序列 $s = \{J_{[1]},\cdots,J_{[n]}\}$，最小化总成本 $K_1(s,u)$ 的资源指派策略为：

$$u_{[r]}^* = \left(\frac{kb_r f_{[r]}(r)}{\theta_1 c_{[r]}} \right)^{\frac{1}{k+1}} w_{[r]}^{\frac{k}{k+1}} \quad r = 1,\cdots,n \qquad (3.19)$$

证明 对式（3.18）关于变量 $u_{[r]}, r = 1,\cdots,n$，求导，并令其为 0，得：

$$\frac{\partial K(s,u)}{\partial u_{[r]}} = b_r f_{[r]}(r) \left(-k \frac{w_{[r]}^k}{u_{[r]}^{k+1}} \right) + \theta_1 c_{[r]} = 0 \quad r = 1,\cdots,n \qquad (3.20)$$

因为总成本是资源指派变量 $u_{[r]}, r = 1,\cdots,n$ 的凸函数，因此，式（3.20）为最优解的充分必要条件。求解方程式（3.20）可得 $u_{[r]}$，于是式（3.19）成立。

实际上，根据引理 3.2 提供的资源指派策略，可将总成本改写为工件序列的函数，即得如下结论：

引理 3.3 假设按引理 3.2 提供的最优资源指派策略指定资源，那么，总成本为：

$$K_1(s) = \sum_{r=1}^{n} \left(k^{\frac{-k}{k+1}} + k^{\frac{1}{k+1}} \right) \left(\theta_1 w_{[r]} c_{[r]} \right)^{\frac{k}{k+1}} \left[b_r f_{[r]}(r) \right]^{\frac{1}{k+1}} \qquad (3.21)$$

证明 将资源指派变量式（3.19）代入总成本表达式（3.18）中，可得：

$$K_1(s) = \sum_{r=1}^{n} b_r \left[\frac{w_{[r]}}{\left(\frac{kb_r f_{[r]}(r)}{\theta_1 c_{[r]}} \right)^{\frac{1}{k+1}} w_{[r]}^{\frac{k}{k+1}}} \right] f_{[r]}(r) + \theta_1 \sum_{r=1}^{n} c_{[r]} \left(\frac{kb_r f_{[r]}(r)}{\theta_1 c_{[r]}} \right)^{\frac{1}{k+1}} w_{[r]}^{\frac{k}{k+1}}$$

整理并化简上面的表达式，可得式（3.21）。

于是最小化总成本 $K_1(s)$，可转化为指派问题。将指派工件 J_j 给位置 r 的权重记为 v_{jr}：

$$v_{jr} = \left(k^{\frac{-k}{k+1}} + k^{\frac{1}{k+1}} \right) (\theta_1 w_j c_j)^{\frac{k}{k+1}} [b_r f_j(r)]^{\frac{1}{k+1}}, 1 \leqslant j, r \leqslant n \qquad (3.22)$$

那么，指派问题可叙述为：

$$\text{Min} \quad \sum_{j=1}^{n} \sum_{r=1}^{n} v_{jr} \chi_{jr} \qquad (3.23)$$

$$\text{s. t.} \quad \sum_{j=1}^{n} \chi_{jr} = 1 \quad r = 1, \cdots, n$$

$$\qquad (3.24)$$

$$\sum_{r=1}^{n} \chi_{jr} = 1 \quad j = 1, \cdots, n$$

$$\chi_{jr} \in \{0,1\} \quad 1 \leqslant j, r \leqslant n$$

其中，当工件 J_j 指派给位子 r 时，$\chi_{jr} = 1$；否则，$\chi_{jr} = 0$。在式（3.24）中，第一个约束集使每个位置指派一个工件，第二个约束集确保每个工件只指派给一个位置，目标函数表达式（3.23）中每一项为每次的指派成本。

由以上的分析，可得 $1|conv, rd-pd|K_1(s,u)$ 问题的求解算法：

算法 3.2 凸模型中最小化 $K_1(s,u)$：

（1）输入 $\alpha_1, \beta_1, \gamma_1, \theta_1, k, c_j, w_j$，并计算 $f_j(r), b_r, v_{jr}, 1 \leqslant j, r \leqslant n$。

（2）解指派问题（3.22）~（3.24），得 $K_1(s)$ 的最小值和对应的最优工件序列 s。

（3）据式（3.19）得最优资源指派 u。

定理 3. 2 算法 3.2 求解 $1 \mid conv, rd - pd \mid K_1(s, u)$ 问题复杂度为 $O(n^3)$ 。

证明 引理 3. 3 和指派问题确保算法正确性。步骤（1）需要 $O(n^2)$ 时间；步骤（3）需要 $O(n)$ 时间；匈牙利算法求解步骤（2）中指派问题需要 $O(n^3)$ 时间（Papadimitriou et al. ， 1998）。因此，算法总的复杂度为 $O(n^3)$ 。

下面考虑学习/退化因子只依赖于位置而不依赖于工件的特殊情形，即对所有工件有 $f_j(r) = f(r)$ ［例如，引言文献中出现的 $f_j(r) = r^a$ 或 α^{r-1} ］。于是总成本公式（3.21）可简化为：

$$K_1(s) = (k^{\frac{-k}{k+1}} + k^{\frac{1}{k+1}}) \theta_1^{\frac{k}{k+1}} \sum_{r=1}^{n} (w_{[r]} c_{[r]})^{\frac{k}{k+1}} (b_r f(r))^{\frac{1}{k+1}} \qquad (3.25)$$

我们注意到，$(k^{\frac{-k}{k+1}} + k^{\frac{1}{k+1}}) \theta_1^{\frac{k}{k+1}}$ ，$\frac{k}{k+1}$ 和 $\frac{1}{k+1}$ 均为正常数。最小化表达式（3.25）中的 $K_1(s)$ ，等价于最小化 $\sum_{j=1}^{n} (w_{[r]} c_{[r]})^{\frac{k}{k+1}} (b_r f(r))^{\frac{1}{k+1}}$ 。而它可按如下匹配程序求解：将最小的 $b_r f(r)$ 指派给具有最大 $w_j c_j$ 的工件，第二小的 $b_r f(r)$ 指派给具有第二大 $w_j c_j$ 的工件，以此类推（Hardy et al. ， 1952）。因此有下面的结论：

推论 3. 1 如 $f_j(r) = f(r), j = 1, \cdots, n$ ，求解 $1 \mid conv, rd - pd \mid K_1(s, u)$ 问题的复杂度为 $O(n \log n)$ 。

证明 只需要将算法 3.2 中求解指派问题替换成匹配程序即可。其中包含排序过程，需要时间 $O(n \log n)$ ，所以结论得证。

3.2.3 问题 $1 \mid rd - pd \mid K_2(s, u, d)$ 的优化算法

本节我们研究由潘沃克和拉贾戈帕兰（Panwalkar & Rajagopalan，1992）引入的工期指派问题，这类问题中（共同）工期是个决策变量（Gordon et al. ， 2002， 2012）。我们的目标是找寻最优工件序列 s 、资源

指派向量 $\boldsymbol{u}$、共同工期 d，使式（3.6）中总成本最小。易验知，存在工件间不带空闲地连续加工且开始时间为零的最优调度。下面有关工期的结论将用于分析问题的最优求解。

引理 3.4 给定资源指派 $\boldsymbol{u}$，对工件序列 $\boldsymbol{s}$，存在最优工期 $C_{[l]}$，其中

$$l = \max\left\{\left\lceil \frac{n(\beta_2 - \gamma_2)}{(\alpha_2 + \beta_2)} \right\rceil, 0\right\} \text{（定义 } C_{[0]} = 0 \text{）。}$$

证明 证明可参见潘沃克等（Panwalkar et al.，1982）的研究。

将 $C_{[r]} = \sum_{i=1}^{r} p_{[i]}^A$，$d = \sum_{i=1}^{l} p_{[i]}^A$ 代入式（3.6），可得：

$$
\begin{aligned}
K_2(\boldsymbol{s}, \boldsymbol{u}) &= \sum_{r=1}^{l} \left[(r-1)\alpha_2 + n\gamma_2\right] p_{[r]}^A + \sum_{r=l+1}^{n} (n-r+1)\beta_2 p_{[r]}^A \\
&\quad + \theta_2 \sum_{r=1}^{n} c_{[r]} u_{[r]} \\
&= \sum_{r=1}^{n} \widetilde{b}_r p_{[r]}^A + \theta_2 \sum_{r=1}^{n} c_{[r]} u_{[r]} \quad\quad (3.26)
\end{aligned}
$$

其中，

$$
\widetilde{b}_r = \begin{cases}
(r-1)\alpha_2 + n\gamma_2 & r = 1, \cdots, l \\
(n-r+1)\beta_2 & r = l+1, \cdots, n
\end{cases}
$$

我们注意到：式（3.7）和式（3.26）的相似性，两式子分别对应 $1|rd-pd|K_1(\boldsymbol{s}, \boldsymbol{u})$ 和 $1|rd-pd|K_2(\boldsymbol{s}, \boldsymbol{u}, d)$ 的目标函数。可以对后一问题做类似的分析，并得到与之对应的类似结论。因此，这里对线性模型或凸模型对应的工期指派问题只做简单的分析，之后直接给出相关结论，略去有关证明。

3.2.3.1　$1|lin, rd-pd|K_2(\boldsymbol{s}, \boldsymbol{u}, d)$ 问题

将表达式（3.9）代入式（3.26），并化简，可得目标函数：

$$K_2(\boldsymbol{s}, \boldsymbol{u}) = \sum_{r=1}^{n} \left(\widetilde{b}_r - \frac{\theta_2 c_{[r]}}{a_{[r]} f_{[r]}(r)}\right) p_{[r]}^A + \theta_2 \sum_{r=1}^{n} \frac{c_{[r]} \bar{p}_{[r]}}{a_{[r]}}$$

$$= \sum_{r=1}^{n} \tilde{\mu}_{[r]} p_{[r]}^{A} + \theta_2 \sum_{r=1}^{n} \frac{c_{[r]} \bar{p}_{[r]}}{a_{[r]}} \qquad (3.27)$$

其中，

$$\tilde{\mu}_{[r]} = \tilde{b}_r - \frac{\theta_2 c_{[r]}}{a_{[r]} f_{[r]}(r)} \qquad (3.28)$$

于是，位置 r 处工件的最优实际加工时间 $p_{[r]}^{A} = p_{[r]}(u_{[r]}) f_{[r]}(r)$，$r = 1, \cdots, n$，也就是：

$$p_{[j]}^{A} = \begin{cases} \bar{p}_{[r]} f_{[r]}(r) & \tilde{\mu}_{[r]} < 0 \\ p_{[r]} \in \left[(\bar{p}_{[r]} - a_{[r]} \bar{u}_{[r]}) f_{[r]}(r), \bar{p}_{[r]} f_{[r]}(r) \right] & \tilde{\mu}_{[r]} = 0 \\ (\bar{p}_{[r]} - a_{[r]} \bar{u}_{[r]}) f_{[r]}(r) & \tilde{\mu}_{[r]} > 0 \end{cases} \qquad (3.29)$$

此外，最优压缩或资源消费量 $u_{[r]}^{*} = \frac{1}{a_{[r]}} \left(\bar{p}_{[r]} - \frac{p_{[r]}^{A}}{f_{[r]}(r)} \right)$，$r = 1, \cdots, n$，也就是：

$$u_{[r]}^{*} = \begin{cases} 0 & \tilde{\mu}_{[r]} < 0 \\ u_{[r]} \in [0, \bar{u}_{[r]}] & \tilde{\mu}_{[r]} = 0 \\ \bar{u}_{[r]} & \tilde{\mu}_{[r]} > 0 \end{cases} \qquad (3.30)$$

于是，从上面分析可得如下结论：

引理 3.5 给定问题 P3 – 3 的一个工件序列 $\{J_{[1]}, \cdots, J_{[n]}\}$，位置 j 处工件的最优实际加工时间和资源指派分别为式（3.29）和式（3.30）。

现在来确定 $1 | lin, rd - pd | K_2(\boldsymbol{s}, \boldsymbol{u}, d)$ 问题的最优工件序列。对 $1 \leqslant j$，$r \leqslant n$，令：

$$\tilde{\mu}_{jr} = \tilde{b}_r - \frac{\theta_2 c_j}{a_j f_j(r)} \qquad (3.31)$$

据式（3.29），如果工件 J_j 安排在位置 r 处，则其最优加工时间为：

$$p_{jr} = \begin{cases} \bar{p}_j f_j(r) & \tilde{\mu}_{jr} < 0 \\ p_j \in \left[\left(\bar{p}_j - a_j \bar{u}_j \right) f_j(r), \bar{p}_j f_j(r) \right] & \tilde{\mu}_{jr} = 0 \\ \left(\bar{p}_j - a_j \bar{u}_j \right) f_j(r) & \tilde{\mu}_{jr} > 0 \end{cases} \quad (3.32)$$

于是得:

$$\tilde{\mu}_{jr} p_{jr} = \begin{cases} \tilde{u}_{jr} \bar{p}_j f_j(r) & \tilde{\mu}_{jr} < 0 \\ 0 & \tilde{\mu}_{jr} = 0 \\ \tilde{u}_{jr} \left(\bar{p}_j - a_j \bar{u}_j \right) f_j(r) & \tilde{\mu}_{jr} > 0 \end{cases} \quad (3.33)$$

对于任何工件序列,式(3.27)中,项 $\theta_2 \sum_{r=1}^{n} \dfrac{c_{[r]} \bar{p}_{[r]}}{a_{[r]}}$ 是常数。所以,

最优工件序列可以通过最小化式(3.27)中项 $\sum_{r=1}^{n} \tilde{\mu}_{[r]} p_{[r]}^{A}$ 获得,而这可

以转化为一个指派问题。以 $\tilde{\mu}_{jr} p_{jr}$ 表示将工件 J_j 指派给位置 r 的惩罚,那

么指派问题可叙述为:

$$\text{Min} \quad \sum_{j=1}^{n} \sum_{r=1}^{n} \tilde{\mu}_{jr} p_{jr} \chi_{jr} \quad (3.34)$$

$$\text{s. t.} \quad \sum_{j=1}^{n} \chi_{jr} = 1 \quad r = 1, \cdots, n$$

$$\sum_{r=1}^{n} \chi_{jr} = 1 \quad j = 1, \cdots, n \quad (3.35)$$

$$\chi_{jr} \in \{0, 1\} \quad 1 \leqslant j, r \leqslant n$$

综上所述,$1 \mid lin, rd - pd \mid K_2(\boldsymbol{s}, \boldsymbol{u}, d)$ 问题可由以下算法求解:

算法 3.3 线性模型中最小化 $K_2(\boldsymbol{s}, \boldsymbol{u}, d)$:

(1)输入 $\alpha_2, \beta_2, \gamma_2, \theta_2, a_j, c_j, \bar{p}_j, \bar{u}_j$,计算 $l = \max\{\lceil n(\beta_2 - \gamma_2)/(\alpha_2 + \beta_2) \rceil, 0\}$,$f_j(r), \tilde{\mu}_{jr}, p_{jr}, 1 \leqslant j, r \leqslant n$。

(2)解指派问题(3.33)~(3.35),得 $\sum_{r=1}^{n} \tilde{\mu}_{[r]} p_{[r]}^{A}$ 的最小值和对应的

最优工件序列 s。

（3）据式（3.30）得最优资源指派 u。

（4）由式（3.27）计算 $K_2(s,u,d)$ 的最小值。

（5）计算最优工期 $d = C_{[l]}$。

定理 3.3 算法 3.3 求解 $1\,|\,lin, rd-pd\,|\,K_2(s,u)$ 问题的复杂度为 $O(n^3)$。

3.2.3.2 $1\,|\,conv, rd-pd\,|\,K_2(s,u,d)$ 问题

将表达式（3.4）代入式（3.26），得凸模型中目标函数为：

$$K_2(s,u) = \sum_{r=1}^{n} \tilde{b}_r \left(\frac{w_{[r]}}{u_{[r]}}\right)^k f_{[r]}(r) + \theta_2 \sum_{r=1}^{n} c_{[r]} u_{[r]} \tag{3.36}$$

在工件序列给定时，可以将资源指派向量 $u^*(s)$ 表示为工件序列 s 的函数。也就是有如下结论：

引理 3.6 给定工件序列 $s = \{J_{[1]}, \cdots, J_{[n]}\}$，则最小化总成本 $K_2(s, u)$ 的资源指派策略为：

$$u_{[r]}^* = \left(\frac{k\,\tilde{b}_r f_{[r]}(r)}{\theta_2 c_{[r]}}\right)^{\frac{1}{k+1}} w_{[r]}^{\frac{k}{k+1}} \quad r = 1, \cdots, n \tag{3.37}$$

在引理 3.6 给出的最优资源指派策略下，将式（3.37）中的资源指派变量代入总成本表达式（3.36），则可将总成本表示为工件序列的函数。

引理 3.7 假设资源指派策略由引理 3.6 给出，则总成本为：

$$K_2(s) = \sum_{r=1}^{n} (k^{\frac{-k}{k+1}} + k^{\frac{1}{k+1}})(\theta_2 w_{[r]} c_{[r]})^{\frac{k}{k+1}} (\tilde{b}_r f_{[r]}(r))^{\frac{1}{k+1}} \tag{3.38}$$

所以，最小化 $K_2(s)$ 问题转化为指派问题。令 $\tilde{v}_{jr}$ 记指派工件 J_j 给位置 r 的成本：

$$\tilde{v}_{jr} = (k^{\frac{-k}{k+1}} + k^{\frac{1}{k+1}})(\theta_2 w_j c_j)^{\frac{k}{k+1}} (\tilde{b}_r f_j(r))^{\frac{1}{k+1}} \quad 1 \leqslant j, r \leqslant n \tag{3.39}$$

若工件 J_j 指派给位置 r 时，取 $\chi_{jr}=1$；否则，令 $\chi_{jr}=0$。相应的指派问题为：

$$\text{Min} \quad \sum_{j=1}^{n}\sum_{r=1}^{n} \tilde{v}_{jr}\chi_{jr} \tag{3.40}$$

$$\text{s. t.} \quad \sum_{j=1}^{n}\chi_{jr}=1 \quad r=1,\cdots,n$$

$$\sum_{r=1}^{n}\chi_{jr}=1 \quad j=1,\cdots,n \tag{3.41}$$

$$\chi_{jr}\in\{0,1\} \quad 1\leqslant j,r\leqslant n$$

基于上面的讨论，可得求解 $1\,|\,conv,rd-pd\,|\,K_2(\boldsymbol{s},\boldsymbol{u},d)$ 问题的求解算法 3.4。

定理 3.4 算法 3.4 求解 $1\,|\,conv,rd-pd\,|\,K_2(\boldsymbol{s},\boldsymbol{u},d)$ 问题的时间复杂度为 $O(n^3)$。

算法 3.4 凸模型中最小化 $K_2(\boldsymbol{s},\boldsymbol{u},d)$：

（1）输入 $\alpha_2,\beta_2,\gamma_2,\theta_2,k,c_j,w_j$，并计算 $l=\max\{\lceil n(\beta_2-\gamma_2)/(\alpha_2+\beta_2)\rceil,0\}$，$f_j(r)$，$\tilde{b}_r$，$\tilde{v}_{jr}$，$1\leqslant j,r\leqslant n$。

（2）解指派问题 (3.39)~(3.41)，得 $K_2(\boldsymbol{s})$ 最小值和相应的工件序列 $\boldsymbol{s}$。

（3）据式 (3.37)，得最优资源指派 $\boldsymbol{u}$。

（4）由式 (3.27)，计算 $K_2(\boldsymbol{s},\boldsymbol{u},d)$ 的最小值。

（5）计算最优工期 $d=C_{[l]}$。

当 $f_j(r)=f(r)$ 时，总成本表达式 (3.38) 简化为：

$$K_2(\boldsymbol{s})=(k^{\frac{-k}{k+1}}+k^{\frac{1}{k+1}})\theta_2^{\frac{k}{k+1}}\sum_{r=1}^{n}(w_{[r]}c_{[r]})^{\frac{k}{k+1}}(\tilde{b}_r f(r))^{\frac{1}{k+1}} \tag{3.42}$$

因为 $(k^{\frac{-k}{k+1}}+k^{\frac{1}{k+1}})\theta_2^{\frac{k}{k+1}}$，$\dfrac{k}{k+1}$ 和 $\dfrac{1}{k+1}$ 都为常数，最小化式 (3.42) 中

$K_2(\boldsymbol{s})$ 等价于最小化 $\displaystyle\sum_{r=1}^{n}(w_{[r]}c_{[r]})^{\frac{k}{k+1}}(\tilde{b}_r f(r))^{\frac{1}{k+1}}$。求解程序为：指派最小

的 $\tilde{b}_r f(r)$ 给最大的 $w_j c_j$，第二小的 $\tilde{b}_r f(r)$ 给第二大的 $w_j c_j$，以此类推（Hardy et al.，1952）。

推论 3.2 如 $f_j(r) = f(r)$，$j = 1, \cdots, n$，求解 $1 \mid conv, rd - pd \mid K_2(s, u, d)$ 问题的时间复杂度为 $O(n\log n)$。

3.2.4 验证算例

因为求解问题 P3 − 3 和问题 P3 − 4 的算法 3.3 和算法 3.4 与求解问题 P3 − 1 和问题 P3 − 2 的算法 3.1 和算法 3.2 相似，所以下面只提供两个算例来验证求解问题 P3 − 1 和问题 P3 − 2 的算法 3.1 和算法 3.2。

算例 3.1 对问题 P3 − 1，设有 $n = 6$ 个工件且 $\alpha_1 = 0.3$，$\beta_1 = 0.2$，$\gamma_1 = 0.1$，$\theta_1 = 0.4$。假定位置依赖因子 $f_j(r) = r^{e_j}$，其中 e_j 是工件 J_j 对应的因子。各工件的参数如表 3.2 所示。

表 3.2　　　　　　　　　　　算例 3.1 的工件参数

J_j	J_1	J_2	J_3	J_4	J_5	J_6
$\overline{p}_j$	19.0	9.0	13.0	14.0	17.0	22.0
a_j	2.0	1.0	2.0	3.0	2.0	3.0
$\overline{u}_j$	6.0	4.0	4.0	3.0	5.0	5.0
c_j	3.0	4.0	5.0	4.0	3.0	6.0
e_j	− 0.1	− 0.3	− 0.2	− 0.1	− 0.3	− 0.1

解： 先算得表达式（3.10）中的常值 $\theta_1 \sum\limits_{r=1}^{n} \dfrac{c_{[r]} \overline{p}_{[r]}}{a_{[r]}} = 74.07$；计算 b_r，$f_j(r)$ 和 μ_{jr} 和指派成本 $\mu_{jr} p_{jr}$，如表 3.3 所示。于是最优指派以粗体表示在表 3.3 中，对应目标值为 43.03，最优工件序列为 $s = \{J_1, J_4, J_2, J_3, J_5, J_6\}$。资源指派向量 $u = \{6, 0, 4, 3, 5, 5\}$，最小成本为 $K_1(s, u) = 74.07 + 43.03 = 118.10$。

表 3.3　　　　　　　算例 3.1 中的指派成本 $\mu_{jr}p_{jr}$

r/J_j	J_1	J_2	J_3	J_4	J_5	J_6
1	**17.10**	− 0.50	6.50	13.53	15.30	15.40
2	20.51	− 0.69	7.37	**16.05**	14.65	19.35
3	20.94	**− 1.17**	6.83	16.37	13.03	19.85
4	18.37	− 2.06	**4.73**	14.47	9.99	16.87
5	12.86	− 3.37	1.13	10.41	**5.53**	10.49
6	4.48	− 5.08	− 1.51	4.24	− 0.11	**0.79**

算例 3.2　对问题 P3 − 2，需要加工 $n = 6$ 个工件且 $\alpha_2 = 0.3$，$\beta_2 = 0.2$，$\gamma_2 = 0.1$，$\theta_2 = 0.4$，$k = 1$。沿用算例 3.1 中的大部分数据，例如，工件 J_j 工作负荷取为算例 3.1 中工件的未压缩加工时间 $\bar{p}_j$。设 $f_j(r) = r^{e_j}$，表 3.4 给出各工件参数。

表 3.4　　　　　　　算例 3.2 的工件参数

J_j	J_1	J_2	J_3	J_4	J_5	J_6
ω_j	19.0	9.0	13.0	14.0	17.0	22.0
c_j	3.0	4.0	5.0	4.0	3.0	6.0
e_j	− 0.1	− 0.3	− 0.2	− 0.1	− 0.3	− 0.1

解：计算 b_r，$f_j(r)$，并得指派成本 $v_{jr} = \mu_{jr}p_{jr}$，结果如表 3.5 所示。其中最优指派用粗体表示，其目标值为 66.06，对应工件序列为 $s = \{J_1, J_4, J_2, J_5, J_3, J_6\}$。最小成本 $K_1(s) = 66.06$，最优资源指派 $u = \{0.26, 0.27, 0.30, 0.22, 0.23, 0.13\}$。

表 3.5　　　　　　　算例 3.2 中的指派成本 v_{jr}

r/J_j	J_1	J_2	J_3	J_4	J_5	J_6
1	**11.70**	9.30	12.49	11.59	11.06	17.80
2	12.38	9.18	12.77	**12.27**	10.92	18.83
3	12.46	**8.87**	12.59	12.35	10.56	18.96
4	11.95	8.27	11.91	11.85	**9.84**	18.19
5	10.79	7.30	**10.63**	10.70	8.69	16.42
6	8.73	5.80	8.53	8.65	6.90	**13.29**

3.3
带不可得时间窗的单机调度问题

3.3.1 问题描述

考虑如下的问题：设有 n 个相互独立工件的集合 $J = \{J_1, J_2, \cdots, J_n\}$ 在一台单机上加工，任意时刻机器至多加工一个工件。所有工件都在零时刻释放，工件中断是不允许的。与每一工件 J_j 有关的参数 w_j 代表其工作负荷。以 u_j 记录工件 J_j 的资源消费量，于是它的加工时间是 $u_j(u_j > 0)$ 的凸函数，并定义如下：

$$p_j = \left(\frac{w_j}{u_j} \right)^k \tag{3.43}$$

其中，k 是给定的正常数。由于某些技术原因，例如，预防性维护，机器在事先已知的时间窗 $[L, R]$ 内是不可得的，其中 $L < R$。以 C_j 记录工件 J_j 的完工时间，$C_{\max} = \max_{j=1,2,\cdots,n}\{C_j\}$ 是某一调度对应的时间表长。本节我们考虑两个问题：一个问题是在总资源约束 $\sum_{j=1}^{n} u_j \leq U$ 条件下，最小化时间表长；另一个问题是当时间表长不超过某一上限，即 $C_{\max} \leq V$ 条件下，最小化总资源消费。对于每一问题，目标是寻找一最优工件调度和资源指派，使对应的目标函数值最小。使用三元域可将考虑的两个问题分别记为 UWTP：$1, uw \mid conv, \sum_{j=1}^{n} u_j \leq U \mid C_{\max}$ 和 UWTR：$1, uw \mid conv, C_{\max} \leq V \mid \sum_{j=1}^{n} u_j$，其中表示机器环境的 α 域中，uw 代表单机上含一个不可得时间窗。

3.3.2 最优资源指派

我们注意到，一旦加工时间是固定的，则 UWTP 问题就化为工件划分问题。就是找两个工件集合，分别安排在不可得时间窗之前和之后加工，而与工件的次序是无关的。本小节考虑给定工件划分后的资源指派问题。

将安排在不可得时间窗之前和之后加工的工件集分别记为 $\mathbb{B}$ 和 $\mathbb{A}$，使它们满足 $\mathbb{B} \cap \mathbb{A} = \varnothing$ 和 $\mathbb{B} \cup \mathbb{A} = \mathbb{J}$。为获得最优资源指派，我们考虑两个不含不可得时间窗的辅助问题。一个是在最大总资源消费约束下最小化总加工时间问题，记为：

$$\text{TP}: 1 \mid conv, \sum_{j=1}^{n} u_j \leqslant U \mid C_{\max}$$

另一个是在最大时间表长约束下最小化最大总资源消费问题，记为：

$$\text{TR}: 1 \mid conv, C_{\max} \leqslant V \mid \sum_{j=1}^{n} u_j$$

这两个辅助问题曾被卡斯皮和沙布泰（Kaspi & Shabtay，2004）涉及，它们的解可由下面两个引理获得。

引理 3.8 对 TP 问题，工件 J_j 的最优资源消费和加工时长分别为：

$$u_j = \frac{w_j^{\frac{k}{k+1}}}{\sum_{j=1}^{n} w_j^{\frac{k}{k+1}}} U, \quad j = 1, 2, \cdots, n \tag{3.44}$$

$$p_j = w_j^{\frac{k}{k+1}} \Big(\sum_{j=1}^{n} w_j^{\frac{k}{k+1}} \Big)^k U^{-k}, \quad j = 1, 2, \cdots, n \tag{3.45}$$

最小的总加工时间是：

$$C_{\max} = \Big(\sum_{j=1}^{n} w_j^{\frac{k}{k+1}} \Big)^{k+1} U^{-k} \tag{3.46}$$

证明 注意到，最优解中 $\sum_{j=1}^{n} u_j \leqslant U$ 应取等式。也就是在最优资源指派策略下，应该消费了所有资源，否则将剩余的资源指派给任一工件，都会使正则的目标函数 $C_{\max} = \sum_{j=1}^{n} \left(\dfrac{w_j}{u_j} \right)^k$ 变小。因此，最优资源指派可以通过拉格朗日方法获得，其拉格朗日函数为：

$$L(u_1, u_2, \cdots, u_n, \lambda) = \sum_{j=1}^{n} \left(\frac{w_j}{u_j} \right)^k + \lambda \left(\sum_{j=1}^{n} u_j - U \right) \tag{3.47}$$

其中，λ 是拉格朗日乘子。因为 $L(u_1, u_2, \cdots, u_n, \lambda)$ 是凸函数，对表达式 (3.47) 关于 u_j 和 λ 求导，可得最优解的充分必要条件：

$$\frac{\partial L(u_1, u_2, \cdots, u_n, \lambda)}{\partial u_j} = -k \frac{w_j^k}{u_j^{k+1}} + \lambda = 0, \quad j = 1, 2, \cdots, n \tag{3.48}$$

$$\frac{\partial L(u_1, u_2, \cdots, u_n, \lambda)}{\partial \lambda} = \sum_{j=1}^{n} u_j - U = 0 \tag{3.49}$$

由式 (3.48) 可得：

$$u_j = \left(\frac{k}{\lambda} \right)^{\frac{1}{k+1}} w_j^{\frac{k}{k+1}} \tag{3.50}$$

首先，将表达式 (3.50) 代入式 (3.49)，得：

$$\left(\frac{k}{\lambda} \right)^{\frac{1}{k+1}} = \frac{U}{\sum\limits_{j=1}^{n} w_j^{\frac{k}{k+1}}} \tag{3.51}$$

其次，将表达式 (3.51) 代入式 (3.50)，得到最优资源指派表达式 (3.44)。最后，将式 (3.44) 代入式 (3.43)，即得加工时长表达式 (3.45)。于是得到最小的总加工时间，即时间表长式 (3.46)。

引理 3.9 对 TR 问题，工件 J_j 的最优资源指派和加工时长分别为：

$$u_j = w_j^{\frac{k}{k+1}} \left(\sum_{j=1}^{n} w_j^{\frac{k}{k+1}} \right)^{\frac{1}{k}} V^{-\frac{1}{k}}, \quad j = 1, 2, \cdots, n \tag{3.52}$$

$$p_j = \frac{w_j^{\frac{k}{k+1}}}{\sum\limits_{j=1}^{n} w_j^{\frac{k}{k+1}}} V, \quad j = 1, 2, \cdots, n \tag{3.53}$$

最小总资源消费是：

$$U = \left(\sum_{j=1}^{n} w_j^{\frac{k}{k+1}} \right)^{\frac{k+1}{k}} V^{-\frac{1}{k}} \tag{3.54}$$

证明 注意到，约束 $C_{\max} \leqslant V$ 应该是紧的，可以写成等式。因为若 $C_{\max}$ 和 V 之间存在空隙的话，可以通过减少任一工件的资源使用量来消除该空隙，从而减少总资源消费量。因此，最优解总满足等式约束。可使用拉格朗日方法求解，拉格朗日函数为：

$$L(u_1, u_2, \cdots, u_n, \eta) = \sum_{j=1}^{n} u_j + \eta \left[\sum_{j=1}^{n} \left(\frac{w_j}{u_j} \right)^k - V \right] \tag{3.55}$$

其中，η 是拉格朗日乘子。对式（3.55）中凸函数 $L(u_1, u_2, \cdots, u_n, \eta)$ 关于变量 u_j 和 η 求导，可得最优解的充分必要条件为：

$$\frac{\partial L(u_1, u_2, \cdots, u_n, \eta)}{\partial u_j} = 1 - k\eta \frac{w_j^k}{u_j^{k+1}} = 0, \quad j = 1, 2, \cdots, n \tag{3.56}$$

$$\frac{\partial L(u_1, u_2, \cdots, u_n, \eta)}{\partial \eta} = \sum_{j=1}^{n} \left(\frac{w_j}{u_j} \right)^k - V = 0 \tag{3.57}$$

利用式（3.56），得：

$$u_j = (k\eta)^{\frac{1}{k+1}} w_j^{\frac{k}{k+1}} \tag{3.58}$$

将式（3.58）代入式（3.57），可得：

$$(k\eta)^{\frac{1}{k+1}} = V^{-\frac{1}{k}} \left(\sum_{j=1}^{n} w_j^{\frac{k}{k+1}} \right)^{\frac{1}{k}} \tag{3.59}$$

再将式（3.59）代入式（3.58），得到最优资源指派式（3.52）。将式（3.52）代入式（3.43），可得加工时长式（3.53）。于是，可得最小的总资源消费式（3.54）。

下面考虑 UWTP 问题。如果 $\mathbb{B} = \varnothing$ 或 $\mathbb{A} = \varnothing$，这往往发生在总资源消费上限 U 很小或非常大的情况下，则问题归结为它的特殊情形 TP 问题，从而是平凡的。注意到，最优解中区间 $[L, R]$ 之前是没有空隙（空闲时间）的，除非 $\mathbb{B} = \varnothing$ 或 $\mathbb{A} = \varnothing$。否则，通过减少 L 之前的某个工件的资源消费，将节省的资源增加给 R 之后的任一工件，总可使目标值变小。显然，最优解中总资源是消耗完全的，即资源约束为等式。给定任意工件划分，可得 UWTP 问题的最优资源指派如下：

03

引理 3.10 给定工件划分 $\mathbb{B}$ 和 $\mathbb{A}$，问题 UWTP 的最优资源指派为：

$$u_j = w_j^{\frac{k}{k+1}} \Big(\sum_{J_j \in \mathbb{B}} w_j^{\frac{k}{k+1}} \Big)^{\frac{1}{k}} L^{-\frac{1}{k}}, \quad J_j \in \mathbb{B} \tag{3.60}$$

$$u_j = \frac{w_j^{\frac{k}{k+1}}}{\sum_{J_j \in \mathbb{A}} w_j^{\frac{k}{k+1}}} \Big[U - \Big(\sum_{J_j \in \mathbb{B}} w_j^{\frac{k}{k+1}} \Big)^{\frac{k+1}{k}} L^{-\frac{1}{k}} \Big], \quad J_j \in \mathbb{A} \tag{3.61}$$

相应的最小时间表长为：

$$C_{\max} = R + \Big(\sum_{J_j \in \mathbb{A}} w_j^{\frac{k}{k+1}} \Big)^{k+1} \Big[U - \Big(\sum_{J_j \in \mathbb{B}} w_j^{\frac{k}{k+1}} \Big)^{\frac{k+1}{k}} L^{-\frac{1}{k}} \Big]^{-k} \tag{3.62}$$

证明 注意时间表长是由非空工件集合 $\mathbb{A}$ 的总加工时长决定的。为获得尽可能小的时间表长，应该给工件集 $\mathbb{A}$ 指派尽可能多的资源。这就要使工件集 $\mathbb{B}$ 的总加工时长等于区间 $[L, R]$ 的左端点 L。

根据提供 TR 问题最优资源指派和加工时长的引理 3.9，使用式（3.54），可得工件集 $\mathbb{B}$ 的总资源消费为 $\Big(\sum_{J_j \in \mathbb{B}} w_j^{\frac{k}{k+1}} \Big)^{\frac{k+1}{k}} L^{-\frac{1}{k}}$，工件 $J_j \in \mathbb{B}$ 的资源消费为式（3.52）。接下来，指派剩余资源 $U - \Big(\sum_{J_j \in \mathbb{B}} w_j^{\frac{k}{k+1}} \Big)^{\frac{k+1}{k}} L^{-\frac{1}{k}}$ 给 R 之后加工的工件 $\mathbb{A}$，通过引理 3.8 中式（3.44）和式（3.46），可得 $\mathbb{A}$ 中工件的资源指派式（3.61）和时间表长式（3.62）。

因此，对 UWTP 问题，在最优资源指派式（3.60）和式（3.61）下，可获得最小时间表长且值由式（3.62）给出。事实上，UWTR 问题中，当 L 或 $V-R$ 非常小时，将使 $\mathbb{B} = \varnothing$ 或 $\mathbb{A} = \varnothing$，这样问题 UWTR 归为辅助问题 TR。一般情况下，问题 UWTR 的资源指派可由引理 3.11 给出。

引理 3.11 给定工件划分 $\mathbb{B}$ 和 $\mathbb{A}$，问题 UWTR 的最优资源指派为：

$$u_j = w_j^{\frac{k}{k+1}} \Big(\sum_{J_j \in \mathbb{B}} w_j^{\frac{k}{k+1}} \Big)^{\frac{1}{k}} L^{-\frac{1}{k}}, \quad J_j \in \mathbb{B} \tag{3.63}$$

$$u_j = w_j^{\frac{k}{k+1}} \Big(\sum_{J_j \in \mathbb{A}} w_j^{\frac{k}{k+1}} \Big)^{\frac{1}{k}} (V - R)^{-\frac{1}{k}}, \quad J_j \in \mathbb{A} \tag{3.64}$$

相应的最小总资源消费为：

$$U = \left(\sum_{J_j \in \mathbb{B}} w_j^{\frac{k}{k+1}}\right)^{\frac{k+1}{k}} L^{-\frac{1}{k}} + \left(\sum_{J_j \in \mathbb{A}} w_j^{\frac{k}{k+1}}\right)^{\frac{k+1}{k}} (V - R)^{-\frac{1}{k}} \tag{3.65}$$

证明　给定子集$\mathbb{B} \neq \emptyset$ 和$\mathbb{A} \neq \emptyset$，那么$\mathbb{B}$ 和$\mathbb{A}$ 的总加工时长应该分别为L 和$V - R$。于是，问题 UWTR 转化为两个 TR 问题。使用辅助问题 TR 的引理 3.9 中的式（3.52），可得 UWTR 问题的最优资源指派式（3.63）和式（3.64）。由式（3.54），得 UWTR 问题相应的总资源消费为式（3.65）。

3.3.3　问题 UWTP 和 UWTR 的复杂度

固定工件加工时间且带不可得时间窗的单机调度问题$1, uw \| C_{\max}$可以转化为划分问题（Lee，1996），因此是 NP 难问题。然而，这里考虑的问题中，工件加工时间不是固定的，而是依赖于资源消费的。将 UWTP 问题和 UWTR 问题对应的决策问题分别记为 UWTP – DV 和 UWTR – DV。那么，本小节通过将这两个决策问题多项式时间归结为划分问题，来说明它们都是 NP 完全问题。UWTP 问题、UWTR 问题和划分问题（partition problem）分别描述如下：

UWTP – DV/UWTR – DV：给定工件集$\mathbb{J} = \{J_1, J_2, \cdots, J_n\}$，工作负荷$\{w_1, w_2, \cdots, w_n\}$和模型中式（3.43）界定的工件加工时间，问题 UWTP/UWTR 中参数k，U/V，L，R 和Q，是否存在$\mathbb{J}$ 的不相交子集，$\mathbb{B}$ 和$\mathbb{A}$，及资源指派，使$C_{\max} \leqslant Q / \sum_{j=1}^{n} u_j \leqslant Q$？划分问题：给定下标集$\mathbb{N} = \{1, 2, \cdots, n\}$，其中每一$j = 1, 2, \cdots, n$，对应一正整数$h_j$ 且$\sum_{j=1}^{n} h_j = 2H$。集合$\mathbb{N}$是否可以划分为两个不相交子集$\mathbb{N}_1$和$\mathbb{N}_2$，使$\sum_{j \in \mathbb{N}_i} h_j = H$，$i = 1, 2$？

定理 3.5　$1, uw | conv, \sum_{j=1}^{n} u_j \leqslant U | C_{\max}$ 的决策问题 UWTP – DV 是 NP 完全问题。

证明　给定划分问题的一个实例，构造 UWTP – DV 问题的实例如下：

$$w_j = h_j^{\frac{k+1}{k}}, j = 1, 2, \cdots, n; L < R, U = 2H^{\frac{k+1}{k}} L^{-\frac{1}{k}}, Q = R + L$$

可以证明，存在一个调度，使 $C_{\max} \leqslant Q$，当且仅当存在一个划分。

先证明，当划分问题存在一个解，那么，UWTP – DV 问题存在一个调度及资源指派，使对应的实例有 $C_{\max} \leqslant Q$。假定集合 $\mathbb{N}$ 划分为两个不相交子集 $\mathbb{N}_1$ 和 $\mathbb{N}_2$，使 $\sum_{j \in \mathbb{N}_i} h_j = H, i = 1,2$。规定 UWTP – DV 的一个调度如下：当 $j \in \mathbb{N}_1$，将工件 J_j 给 $\mathbb{B}$；当 $j \in \mathbb{N}_2$，使 $J_j \in \mathbb{A}$。根据表达式（3.63）和式（3.64），给 $\mathbb{B}$ 和 $\mathbb{A}$ 中的每一工件指派资源。让工件集 $\mathbb{B}$ 和 $\mathbb{A}$ 分别安排在不可得时间窗之前和之后加工。由引理 3.11：

$$\sum_{J_j \in \mathbb{B}} w_j^{\frac{k}{k+1}} = \sum_{J_j \in \mathbb{N}_1} h_j = H, \sum_{J_j \in \mathbb{A}} w_j^{\frac{k}{k+1}} = \sum_{J_j \in \mathbb{N}_2} h_j = H$$

可得：

$$C_{\max} = R + H^{k+1} \left\{ U - H^{\frac{k+1}{k}} \left[\left(\frac{2H}{U} \right)^k H \right]^{-\frac{1}{k}} \right\}^{-k} = R + \left(\frac{2H}{U} \right)^k H = Q$$

接下来证明，如果 UWTP – DV 问题存在一个调度及资源指派使 $C_{\max} \leqslant Q$，那么划分问题存在一个解。设 $\mathbb{B} \neq \varnothing$ 和 $\mathbb{A} \neq \varnothing$ 分别为不可得时间窗之前和之后加工的工件集。如果当 $J_j \in \mathbb{B}(J_j \in \mathbb{A})$ 时，令 $j \in \mathbb{N}_1(j \in \mathbb{N}_2)$，那么有：

$$\sum_{J_j \in \mathbb{B}} w_j^{\frac{k}{k+1}} = \sum_{j \in \mathbb{N}_1} h_j, \sum_{J_j \in \mathbb{A}} w_j^{\frac{k}{k+1}} = \sum_{j \in \mathbb{N}_2} h_j$$

令：

$$\sum_{J_j \in \mathbb{B}} w_j^{\frac{k}{k+1}} = \sum_{j \in \mathbb{N}_1} h_j = 2H - t, \sum_{J_j \in \mathbb{A}} w_j^{\frac{k}{k+1}} = \sum_{j \in \mathbb{N}_2} h_j = t$$

其中，$0 < t < 2H$。根据引理 3.10，有：

$$C_{\max} = R + (2H - t)^{k+1} \left\{ U - t^{\frac{k+1}{k}} \left[\left(\frac{2H}{U} \right)^k H \right]^{-\frac{1}{k}} \right\}^{-k} \leqslant Q = R + \left(\frac{2H}{U} \right)^k H$$

也就是：

$$f(t) = \left(2H^{\frac{k+1}{k}} - t^{\frac{k+1}{k}} \right)^k - (2H - t)^{k+1} \geqslant 0$$

对 f 关于 t 求一阶及二阶导数，可得 $f'(H) = 0$ 和 $f''(H) < 0$。因为 $f(H) = 0$，所以有 $f(t) \leqslant 0$ 且等式只有在 $t = H$ 成立，也即 $C_{\max} \leqslant Q$ 只有当 $t = H$ 时成立。也意味着划分问题存在一个解，证毕。

定理 3.6 $1, uw|conv, C_{max} \leq V|\sum_{j=1}^{n} u_j$ 的决策问题 UWTR – DV 是 NP 完全问题。

证明 给定划分问题的一个实例，构建 UWTP – DV 问题的实例如下：

$$w_j = h_j^{\frac{k+1}{k}}, j = 1,2,\cdots,n; L < R, V = R + L, Q = 2H^{\frac{k+1}{k}}L^{-\frac{1}{k}}$$

下面证明，存在一个调度，使 $\sum_{j=1}^{n} u_j \leq Q$，当且仅当存在一个划分。

先假设划分问题存在一个解，也就是 $\mathbb{N}$ 被划分成两个不相交子集 $\mathbb{N}_1$ 和 $\mathbb{N}_2$，使 $\sum_{j \in \mathbb{N}_i} h_j = H, i = 1,2$。定义 UWTP – DV 问题的一个调度如下：如 $j \in \mathbb{N}_1 (j \in \mathbb{N}_2)$，将工件 J_j 安排给 $\mathbb{B}$（$\mathbb{A}$）。根据式（3.60）和式（3.61），给 $\mathbb{B}$ 和 $\mathbb{A}$ 中每个工件指派资源。将工件集 $\mathbb{B}$ 和 $\mathbb{A}$ 分别安排在不可得时间窗之前和之后加工。根据引理 3.10：

$$\sum_{J_j \in \mathbb{B}} w_j^{\frac{k}{k+1}} = \sum_{j \in \mathbb{N}_1} h_j = H, \sum_{J_j \in \mathbb{A}} w_j^{\frac{k}{k+1}} = \sum_{j \in \mathbb{N}_2} h_j = H$$

可得：

$$U = 2H^{\frac{k+1}{k}}L^{-\frac{1}{k}} = Q$$

因此，问题 UWTP – DV 存在一个调度和资源指派，使 $\sum_{j=1}^{n} u_j \leq Q$。

接下来假设问题 UWTP – DV 存在一个调度和资源指派，使 $U \leq Q$。假定 $\mathbb{B} \neq \emptyset$ 和 $\mathbb{A} \neq \emptyset$ 为不可得时间窗之前和之后的工件集。若 $J_j \in \mathbb{B}$（$J_j \in \mathbb{A}$），令 $j \in \mathbb{N}_1 (j \in \mathbb{N}_2)$。那么有：

$$\sum_{J_j \in \mathbb{B}} w_j^{\frac{k}{k+1}} = \sum_{j \in \mathbb{N}_1} h_j, \sum_{J_j \in \mathbb{A}} w_j^{\frac{k}{k+1}} = \sum_{j \in \mathbb{N}_2} h_j$$

令：

$$\sum_{J_j \in \mathbb{B}} w_j^{\frac{k}{k+1}} = \sum_{j \in \mathbb{N}_1} h_j = 2H - t, \sum_{J_j \in \mathbb{A}} w_j^{\frac{k}{k+1}} = \sum_{j \in \mathbb{N}_2} h_j = t, 0 < t < 2H$$

根据引理引理 3.11，可得：

$$U = L^{-\frac{1}{k}}\left[(2H-t)^{\frac{k+1}{k}} + t^{\frac{k+1}{k}}\right] \leq Q = 2H^{\frac{k+1}{k}}L^{-\frac{1}{k}}$$

易知，$(2H-t)^{\frac{k+1}{k}} + t^{\frac{k+1}{k}} \geq 2H^{\frac{k+1}{k}}$ 且等式只有当 $t = H$ 时成立，也就是，

$U \leqslant Q$ 当且仅当 $t = H$。因此，划分问题存在一个解，证毕。

3.3.4　近似算法

因为考虑的两个问题都是 NP 难问题，所以应该找寻有效的近似算法。对于 UWTP 问题，根据一个初始的资源指派先固定工件加工时间，然后将工件划分为两个子工件集。而对于 UWTR 问题，采取直接根据工件的工作负荷将工件划分为两个子工件集，再给获得的工件划分指派资源。

3.3.4.1　UWTP 问题的近似算法

对于此问题，采取首先考虑不含不可得时间窗的问题，获得工件的资源指派，从而给出工件的初始加工时间，同时给出目标函数最优值的一个下界。其次，将工件划分为两个子工件集 $\mathbb{B}$ 和 $\mathbb{A}$，分别安排在不可得时间窗之前和之后加工。对获得的划分，给每一工件提供最优资源指派。只要这两个资源指派调整不是非常大，就可以获得原问题的比较满意的解，其对应的目标值将接近于最优值的下界。

剔除时间窗 $[L, R]$，问题 UWTP 简化为 TP 问题。根据引理 3.8，可得 UWTP 问题目标函数最优值的一个下界（记作 $LB1$）如下：

$$LB1 = R - L + \left(\sum_{j=1}^{n} w_j^{\frac{k}{k+1}} \right)^{k+1} U^{-k} \tag{3.66}$$

根据式（3.45），工件初始加工时间为：

$$p_j^0 = w_j^{\frac{k}{k+1}} \left(\sum_{j=1}^{n} w_j^{\frac{k}{k+1}} \right)^{k} U^{-k}, \ j = 1, 2, \cdots, n \tag{3.67}$$

算法 3.5　UWTP 问题的启发式算法：

（1）根据式（3.67）计算初始加工时间 p_j^0，$j = 1, 2, \cdots, n$，并将工件按 LPT 排序。

（2）安排尽可能多的工件给 L 之前加工的工件集 $\mathbb{B}$ ，R 之后加工的工件集 $\mathbb{A}$ 。

（3）根据步骤（2）获得的划分，如有必要的话，根据式（3.60）和式（3.61）调整工件的资源指派，并由式（3.62）计算时间表长。

注意到，工件集 $\mathbb{B}$ 的总加工时长不超过容量 L ，而工件集 $\mathbb{A}$ 的总加工时长无限制。对 $1,uw\|C_{\max}$ 问题，李（Lee，1996）考虑了 LPT 算法并给出了算法的最坏情况误差界为 $\dfrac{1}{3}$ 。受到 LPT 规则的启发，给出近似算法3.5 找寻工件划分及其资源指派。下面提供一个实例说明算法 3.5。

算例 3.3 设有 $n=6$ 个相互独立的不可中断工件都在零时刻释放，它们的工作负荷如表 3.6 所示。$k=2$ ，$L=19$ ，$R=20$ ，$U=36$ 。

表 3.6　　　　　　　算例 3.3 中工件工作负荷和初始加工时间

工件	J_1	J_2	J_3	J_4	J_5	J_6
w_j	3.0000	8.0000	11.0000	14.0000	25.0000	35.0000
p_j^0	2.0899	4.0188	4.9694	5.8362	8.5902	10.7503

根据式（3.67），可得初始加工时间 p_j^0 ，如表 3.6 第三行所示。将工件按 LPT 序排列：$(J_6,J_5,J_4,J_3,J_2,J_1)$ 。于是，可得工件划分：$\mathbb{B}=\{J_6,J_4,J_1\}$ 和 $\mathbb{A}=\{J_5,J_3,J_2\}$ 。根据此划分，使用式（3.60）和式（3.61），可得工件调整的资源指派及加工时长，结果如表 3.7 所示。时间表长是 $C^{H1}=37.2632$ ，最优值下界为 $LB1=37.2547$ 。所得近似解的百分比误差可按下式估算：

$$\varepsilon^{H1}=\frac{C^{H1}-C_{\max}^{*}}{C_{\max}^{*}}\leqslant\frac{C_{\max}-LB1}{LB1}\times100\%$$

算例 3.3 所得近似解的百分比误差 $\varepsilon^{H1}\leqslant\dfrac{37.2632-37.2547}{37.2547}\times100\%=0.023\%$ 。

表 3.7

表 3.7　　　　　　　　　　　　算例 3.3 中解的资源指派

划分	$\mathbb{B}$			$\mathbb{A}$		
	J_6	J_4	J_1	J_5	J_3	J_2
u_j	10.5834	5.7456	2.0574	8.6073	4.9793	4.0269
p_j	10.9366	5.9373	2.1261	8.4361	4.8803	3.9468

定理 3.7　算法 3.5 的最坏情况性能比为 $1 + \dfrac{1}{n}(n \geq 2)$ 且是紧的。

证明　对由算法 3.5 给出的工件划分为 $\mathbb{B}$ 和 $\mathbb{A}$，令：

$$\sum_{j=1}^{n} w_j^{\frac{k}{k+1}} = W, \sum_{J_j \in \mathbb{B}} w_j^{\frac{k}{k+1}} = t, \sum_{J_j \in \mathbb{A}} = W - t$$

记时间表长为 $f_1(t)$，于是根据式（3.62），有：

$$f_1(t) = R + (W - t)^{k+1}\left(U - t^{\frac{k+1}{k}} L^{-\frac{1}{k}}\right)^{-k}$$

令 $f_1(t)$ 的导数为零，可知 f_1 在 $t_0 = \left(\dfrac{U}{W}\right)^k L$ 处，取得最小值 $R - L +$

$W^{k+1} U^{-k}$。注意到，在算法 3.5 中，$t_0 = \left(\dfrac{U}{W}\right)^k L$ 等价于 $\sum_{J_j \in \mathbb{B}} p_j^0 = L$ 且最小值

是下界 $LB1$。对算法 3.5，最坏情况是 $t = 0$，也就是 $L < \min\{p_j^0\}$。将算法

3.5 得到的解，对应时间表长记作 C^{H1}，最优解的时间表长记为 $C_{\max}^*$。于

是有：

$$\frac{C^{H1}}{C_{\max}^*} \leqslant \frac{f_1(0)}{f_1(t_0)} = \frac{R + W^{k+1} U^{-k}}{R - L + W^{k+1} U^{-k}} = 1 + \frac{L}{R - L + \sum_{j=1}^{n} p_j^0} < 1 + \frac{1}{n}$$

下面实例说明这个界是紧的。考虑实例：

$$w_1^{\frac{k}{k+1}} = w_2^{\frac{k}{k+1}} = \cdots = w_n^{\frac{k}{k+1}} = \bar{w}, \sum_{j=1}^{n} w_j^{\frac{k}{k+1}} = W = n\bar{w}$$

对任意给定 U，据式（3.67）有：$p_j^0 = \dfrac{1}{n} W^{k+1} U^{-k}, j = 1, 2, \cdots, n$。令

$L = p_j^0 - \epsilon, R = L + \epsilon = p_j^0$。根据算法 3.5，所有工件都将安排在 R 之后加

工。最优解为：安排一个工件在 L 之前加工，其他工件安排在 R 之后加

工。因此有：

$$\frac{C^{H1}}{C_{\max}^{*}} = \frac{R + W^{k+1}U^{-k}}{R + \left[\,(n-1)\,\overline{w}\,\right]^{k+1}\left[\,U - \overline{w}^{\frac{k+1}{k}}\left(\frac{1}{n}W^{k+1}U^{-k} - \epsilon\right)^{-\frac{1}{k}}\,\right]^{-k}}$$

当 ϵ 趋于零时，上式右边项趋于 $1 + \dfrac{1}{n}$，结论得证。

事实上，如果最后一个指派的工件安排在工件集 $\mathbb{A}$，则可以考虑另外一种划分：将最后一个工件安排在工件集 $\mathbb{B}$，只要这样是可行的（也就是资源量足够允许这样做）。于是，可以选取具有更小时间表长的解为近似解。而如果工件集 $\mathbb{B}$ 的总初始加工时间刚好为 L 的话，则对应的划分即为最优的，此时就没有必要调整工件的资源指派了。

3.3.4.2 UWTR 问题的近似算法

基于上面的讨论，UWTP 问题和 UWTR 问题的共同点是资源指派是依赖于工件划分的。但后者不同于前者的地方是，任意工件划分对 UWTR 问题都是可行的。若不考虑时间窗 $[L,R]$，UWTR 问题归为 TR 问题。根据引理 3.9，可得 UWTR 问题的一个下界（记作 $LB2$）如下：

$$LB2 = \Big(\sum_{j=1}^{n} w_{j}^{\frac{k}{k+1}}\Big)^{\frac{k+1}{k}}(V - R + L)^{-\frac{1}{k}}$$

不同于 UWTP 问题，对于 UWTR 问题，我们直接根据工件的负荷而不是初始加工时间来划分工件。对给定工件划分，令 $\sum\limits_{J_j \in \mathbb{B}} w_{j}^{\frac{k}{k+1}} = t$，$\sum\limits_{J_j \in \mathbb{A}} = W - t$。根据引理 3.11，总资源 [记作 $f_2(t)$] 为：

$$f_2(t) = t^{\frac{k+1}{k}}L^{-\frac{1}{k}} + (W - t)^{\frac{k+1}{k}}(V - R)^{-\frac{1}{k}} \quad 0 \leqslant t \leqslant W \quad (3.68)$$

对 $f_2(t)$ 关于 t 求导，可得 $f_2(t)$ 在 $t_0 = \dfrac{L}{L + V - R}W$ 处，取得最小值 $W^{\frac{k+1}{k}}(V - R + L)^{-\frac{1}{k}}$。函数 $f_2(t)$ 在 $[0, t_0]$ 内是单减的，在 $[t_0, W]$ 内是单增

的，总资源量$f_2(t)$和t的关系如图3.1所示。于是，可以找工件集$\mathbb{B}$，使

$$t = \sum_{J_j \in \mathbb{B}} w_j^{\frac{k}{k+1}}$$ 尽量接近于 $t_0 = \dfrac{L}{L+V-R}W$，或等价地找工件集$\mathbb{A}$，使 $W -$

$$t = \sum_{J_j \in \mathbb{A}} w_j^{\frac{k}{k+1}}$$ 尽量接近于 $W - t_0 = \dfrac{V-R}{L+V-R}W$。

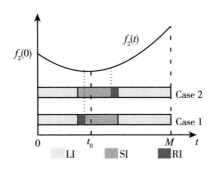

图3.1　总资源量$f_2(t)$与t的关系

因此，所考虑的问题可以归为这样一个一维装箱问题：有两个容量足够大（如容量为W）的箱子（也记作$\mathbb{B}$和$\mathbb{A}$）和n个物品。每一物品I_j对应工件J_j，长度为$l_j = w_j^{\frac{k}{k+1}}$，$j = 1, 2, \cdots, n$。$n$个物品总长度为$W$，两个箱子具有期望水平$t_0$和$W - t_0$。装箱的目标是最小化箱子的实际水平和期望水平的绝对偏差。一般情况下，偏差可由跨坐物品（straddling item，SI）来刻画的（见图3.1）。如一个物品长度大于每个箱子的当前剩余水平，则称为是跨坐的，而箱子的当前剩余水平指的是它的期望水平减去该箱子当前已装物品（loaded items，LI）的总长。

为获得目标函数$f_2(t)$的更小值，直观的想法是使装箱不产生跨坐物品或是跨坐物品的长度越小越好。如果将物品按长度递增的次序排列并装箱的话，跨坐物品越迟出现越有利。因此，每一步我们都将物品装进具有更大剩余水平的箱子。基于此想法，以及受经典一维装箱问题的BFD（best‑fit decreasing）算法的启发，我们提供下面的近似算法3.6来找寻工件的划分及资源指派。其中步骤（2）的装箱过程如图3.2所示。

并给出下面的一个算例说明该算法的求解过程。

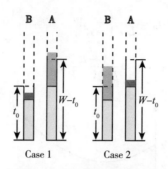

图 3.2　UWTR 问题对应的装箱

算法 3.6　UWTR 问题的启发式算法：

（1）计算 n 个物品长度：$l_j = w_j^{\frac{k}{k+1}}$，$j = 1, 2, \cdots, n$；总长 $W = \sum_{j=1}^{n} w_j^{\frac{k}{k+1}}$；箱子 $\mathbb{B}$ 和 $\mathbb{A}$ 的期望水平：t_0 和 $W - t_0$，其中 $t_0 = \dfrac{L}{L+V-R}W$；将物品按长度的非增次序排列。

（2）逐个将物品装进具有较大剩余水平的箱子。如存在某个跨坐的物品，则考虑这样两种情形：跨坐物品装进箱子 $\mathbb{B}$ 或箱子 $\mathbb{A}$，剩余物品 ［Rest Item（s），RI］ 装入另一箱子。

（3）根据步骤（2）中装箱获得的对应的工件划分，计算目标函数值。选择具有较小值的解。由式（3.63）和式（3.64）确定资源指派，式（3.65）确定总资源消费。

算例 3.4　采用算例 3.3 中的工件数据和不可得时间窗。取时间表长上界为 $V = 30$。

解：计算物品长度 $l_j = w_j^{\frac{k}{k+1}}$，$j = 1, 2, \cdots, n$；将工件/物品的负荷/长度按非增顺序排列，如表 3.8 所示。所有物品总长是 $W = \sum_{j=1}^{n} l_j = 36.0847$。箱子 $\mathbb{B}$ 和 $\mathbb{A}$ 的期望水平（初始剩余水平）分别是 $t_0 = 23.6417$ 和 $W - t_0 = 12.4430$。

表 3.8 算例 3.4 的工件负荷和物品长度

工件/物品	J_6/I_6	J_5/I_5	J_4/I_4	J_3/I_3	J_2/I_2	J_1/I_1
w_j	35.0000	25.0000	14.0000	11.0000	8.0000	3.0000
l_j	10.6999	8.5499	5.8088	4.9461	4.0000	2.0801

装箱过程如下：因 $t_0 > W - t_0$，将物品 I_6 装入箱子 $\mathbb{B}$，此时它的剩余水平为 12.9418；由于 12.9418 > 12.4430，继续将物品 I_5 装入箱子 $\mathbb{B}$，现在它的剩余水平为 4.3920；因为 12.4430 > 4.3920，将物品 I_4 装入箱子 $\mathbb{A}$，重置它的剩余水平为 6.6342；依次类推，将物品 I_3 装入箱子 $\mathbb{A}$，物品 I_2 装入箱子 $\mathbb{B}$，物品 I_1 装入箱子 $\mathbb{A}$。物品 I_1 是跨坐的，于是考虑两种划分：$\mathbb{B} = \{I_6, I_5, I_2\}$ 和 $\mathbb{A} = \{I_4, I_3, I_1\}$；$\mathbb{B} = \{I_6, I_5, I_2, I_1\}$ 和 $\mathbb{A} = \{I_4, I_3\}$。对于每一划分，由式（3.63）和式（3.64），获得相应的资源指派，结果如表 3.9 所示。

表 3.9 算例 3.4 的工件划分及资源指派

划分1	$\mathbb{B}_1$			$\mathbb{A}_1$		
	J_6	J_5	J_2	J_4	J_3	J_1
u_j	11.8362	9.4578	4.4248	6.5809	5.6035	2.3566
p_j	8.7441	6.9871	3.2689	4.5258	3.8536	1.6206
划分2	$\mathbb{B}_2$			$\mathbb{A}_2$		
	J_6	J_5	J_2	J_1	J_4	J_3
u_j	12.3543	9.8719	4.6185	2.4017	6.0240	5.1294
p_j	8.0260	6.4133	3.0004	1.5603	5.4011	4.5989

根据式（3.65），可得划分 1 和划分 2 对应的总资源消费分别为 40.2597 和 40.3998。所以，选择划分 1 对应的调度为近似解，目标值为 $\sum_{j=1}^{n} u_j = 40.2597$。可计算出最优值的下界 $LB2 = 40.2519$。类似于算例 3.4，所得解的百分比误差可计算如下：

$$\varepsilon^{H2} \leqslant \frac{\sum_{j=1}^{n} u_j - LB2}{LB2} \times 100\% = \frac{40.2597 - 40.2519}{40.2519} \times 100\% = 0.019\%$$

注记 3.1 根据关于 TP 和 TR 问题的引理 3.8 和引理 3.9，在最优资源指派策略下，对于给定的 n 个工件的工作负荷，$\dfrac{p_j}{w_j}$ 或 $\dfrac{w_j}{p_j}$ 为常数，也就是 p_j 和 w_j 是一致的（即 $p_i \geqslant p_j$ 意味着 $w_i \geqslant w_j$，$\forall i \neq j$）。注意到，$l_j = w_j^{\frac{k+1}{k}}$ 和 $\dfrac{k+1}{k} > 0$，那么，算法 3.5 中工件按初始加工时间的 LPT 序排列等价于算法 3.6 中物品按长度从大到小的顺序排列。有趣的是，在算例 3.4 中，当假设 V 等于算例 3.3 中获得的时间表长 $C_{\max} = 37.2632$ 时，使用算法 3.6 可得到最小资源消费为 $\displaystyle\sum_{j=1}^{n} u_j = 36$。也就是意味着，在某种意义下，UWTP 和 UWTR 是互为反问题的。

显然，如果不存在跨坐的物品的话，算法 3.6 中步骤（2）获得的对应工件划分就是最优的。下面的定理提供了针对问题 UWTR 的近似算法 3.6 的误差界。

定理 3.8 算法 3.6 的最坏情况比的误差界为式（3.70）中的 ρ。

证明 只需要考虑算法 3.6 产生的近似解为含跨坐物品的情形。不妨设物品已经按长度非增顺序排列为：$l_1 \geqslant l_2 \geqslant \cdots \geqslant l_n$。容易知道，下面三种情况下算法 3.6 产生的解就是最优的。

（1）$n = 1$。

（2）$n = 2$。

（3）$n = 3$ 且跨坐物品为 I_1 或 I_2。

从第三种情况可以归纳出，当 $n \geqslant 3$ 时，若跨坐物品为 I_1 或 I_2，则算法 3.6 产生的解也是最优的。因此，需要考虑的唯一情形就是 $n \geqslant 3$ 且跨坐物品为 I_i，$i \geqslant 3$。算法 3.6 产生的装箱与最优装箱之间的偏差（记作 Δ）满足：

$$\Delta \leqslant l_3 \leqslant \frac{1}{3}(l_1 + l_2 + l_3) \leqslant \frac{W}{3}$$

最优目标值的下界是 $f_2(t_0) = W^{\frac{k+1}{k}}(V - R + L)^{-\frac{1}{k}}$。而：

$$\min\left\{f_2\left(\max\left\{0,t_0-\frac{W}{3},W\right\}\right),f_2\left(\min\left\{t_0+\frac{W}{3},W\right\}\right)\right\}$$

是由算法 3.6 所得目标值的一个上界。令：

$$\alpha=\frac{L}{L+V-R},\ \beta'=\max\left\{0,\alpha-\frac{1}{3}\right\},\ \beta''=\min\left\{\alpha+\frac{1}{3},1\right\}$$

于是：

$$\frac{U^{H2}}{U^*}\leqslant\min\{f_2(\beta'W),f_2(\beta''W)\}/f_2(t_0) \tag{3.69}$$

将 $f_2(\beta'W)$ 和 $f_2(\beta''W)$ 代入式（3.69），得到：

$$\frac{U^{H2}}{U^*}\leqslant\min\{g(\beta'),g(\beta'')\}\triangleq\rho \tag{3.70}$$

其中，函数 $g(t)=t^{\frac{k+1}{k}}\alpha^{-\frac{1}{k}}+(1-t)^{\frac{k+1}{k}}(1-\alpha)^{-\frac{1}{k}}$。证毕。

3.4 本章小结

　　本章针对含可控加工时间的两类问题，建立了两个单机模型，并给出了相应问题的优化算法。

　　第一，讨论了带资源依赖加工时间的单机调度问题，其中工件加工时间具有学习/退化效应，学习/退化因子既依赖于位置，也依赖于工件。本章研究了两类资源消费函数：线性函数和凸函数，对应的模型分别称为线性模型和凸模型。每一模型中，分别讨论了两个目标函数：一个是时间表长、流水时间、完工时间总完全偏差和资源消费成本的加权和；另一个是提前时间、延误时间、共同工期和资源消费成本的加权和。每一个问题我们都提供了多项式时间优化算法。分析显示，最小化两个目标函数具有相似性。因此，容易将结果推广到其他类似情形。比如，最小化等待时间、等待时间完全偏差、资源总成本的加权和；再比如，其他工期指派问题等。

第二，本章研究的是带资源指派与机器可得性约束的单机调度问题。考虑了两个目标函数：时间表长和总资源消费。目标是找一个工件划分和工件的资源指派策略，将工件分别安排在不可得时间窗之前和之后加工，在一个目标满足上限约束下使另一个目标最小化。分析表明，时间表长问题 UWTP 和总资源消费问题 UWTR 都是 NP 难问题。对每一个问题，设计了启发式的近似算法，分析了最坏情况比的误差界，提供了验证实例。

第4章

含有可控加工时间的
平行机调度问题

4.1 引言

尽管含有可控加工时间的调度问题得到了许多学者的关注与研究，但大部分文献集中在单机环境。只有若干文献考虑平行机环境下含可控加工时间的问题。最近，李等（Li et al.，2011）讨论了平行机环境下工件加工时间为特殊线性资源消费函数的时间表长问题。在有限的总压缩约束下，他们设计了模拟退火算法来获得问题 $Pm \mid p_j^A = p_j - u_j, \sum\limits_{j=1}^{n} u_j \leqslant$

$\overline{X} \mid C_{\max}$ 的次优解，其中 p_j 和 $u_j(0 \leqslant u_j \leqslant p_j)$ 为工件 J_j 的一般加工时间和压缩量，$\overline{X}$ 为所有工件总压缩量的上界。有趣的是，只要消费足够多的资源，每一个工件加工时间可以压缩至零。这可以发生在许多场合，例如，一个公司需要处理一项包含多项任务的项目，该公司有若干子公司和有限的外包资源。于是该项目中的某些任务可以部分或全部包给其他公司或分配给它自己的子公司，目标是最小化总个项目的完工时间。

格雷厄姆（Graham，1966，1969）对 $Pm \mid \mid C_{\max}$ 问题的 LPT 规则和 LS 规则的最坏情况做了分析。而对考虑工件压缩的启发式方法则没有相关的工作，4.2 节将讨论这种加工时间可以压缩至零的资源依赖的平行机时间表长最小化问题。

最近，刘等（Liu et al.，2016）研究了带凸资源指派的工期窗指派问题，在调度成本约束下，最小化总资源消费成本［事实上，殷等（Yin et al.，2013）已讨论了这一问题的反问题版本］。刘等（Liu et al.，2016）还将他们提出的模型推广到含位置依赖的学习/退化效应情形，即假定位置 r 处的工件 J_j 的加工时间为 $p_{jr} = \left(\dfrac{w_j r^a}{u_j} \right)^k$，其中 a 是共同的学习/退化因子。正如奥龙（Oron，2016）分析，前人考虑的位置依赖的学习/退化效应都是针对具体的特定表达形式。奥龙通过在工件工作负荷的下标中加入位置相关的指标 r 和工件指标 j 来刻画学习效应，建立更一般的模型。对于平行机环境，则在工件负荷中加入机器指标 i，也就是定义机器 i 上位置 r 处工件 J_j 的实际加工时间为 $p_{ijr} = \left(\dfrac{w_{ijr}}{u_j} \right)$。对于单机上的时间表长和总完工时间问题，提供了多项式时间算法，并将总流水时间问题推广到平行机的情境。

受奥龙（Oron，2016）和刘等（Liu et al.，2016）的启发，我们将在 4.3 节针对含一般位置依赖工作负荷的凸资源依赖加工时间的一类问题做统一的分析归纳，给出了一般性的结果。相比于前述两篇文献，不同之处在于：（1）每一个工件的资源消费是依赖于机器的，这反映了同一个工件由于机器效率和资源种类的不同而有差异。（2）目标函数更一般，使它涵盖了更多前人的结果。（3）不仅讨论了资源成本约束下，调度成本最小化问题，还讨论了它的反问题及它们之间的关系。（4）采取了从复杂到简单的方法，即先得到平行机环境下的更一般的结论，然后归纳出其特殊情形即单机问题。

4.2

带线性可控时间的平行机问题

4.2.1 问题描述

假设有 $m(>1)$ 台同型机 M_i，$i=1,\cdots,m$，和包含 n 个相互独立的工件集合 $J=\{J_1,\cdots,J_n\}$。所有工件在零时刻释放，也就是 $r_j=0, j=1,\cdots,$ n。任意时刻机器只能处理一个工件且工件中断是不允许的。一个工件只能在一台机器上加工且工件 J_j 的一般加工时间为 p_j。如果增加额外的连续可分资源，每一个工件的加工时间是可以减少的。若工件 J_j 的资源消费量为 $u_j(\leqslant p_j)$，那么其实际/已压缩加工时间为 $p_j^A=p_j-u_j$。据资源约束条件，总压缩量是有限的：$\sum_{j=1}^{n} u_j \leqslant \bar{X}$，其中 $\bar{X}$ 是总压缩量的上限且满足 $0 \leqslant \bar{X} \leqslant \sum_{j=1}^{n} p_j$。假定 $\bar{X}=\lambda P_{\text{sum}}=\mu P_{\max}$，其中 λ 是总压缩率，$P_{\text{sum}}=\sum_{j=1}^{n} p_j$，$P_{\max}=\max\{p_j|j=1,\cdots,n\}$。

给定一调度，设机器 M_i 加工 $n_i(i=1,\cdots,m)$ 个工件，则 $\sum_{i=1}^{m} n_i=n$。

以 $J_{ij}(j=1,\cdots,n_i)$ 记第 i 台机器 M_i 上的第 j 个位置的工件，那么 p_{ij} 和 u_{ij} 表示工件 J_{ij} 的一般加工时间和压缩量。该调度记为 $S=\{S_1,\cdots,S_m\}$，其中 $S_i=\{J_{i1},\cdots,J_{in_i}\}$ 为机器 M_i 上的子调度。对应调度 S 的压缩向量记为 $U=\{U_1,\cdots,U_m\}$，其中 $U_i=\{u_{i1},\cdots,u_{in_i}\}$ 对应子调度 S_i。于是，机器 M_i 上的压缩量是 $X_i=\sum\limits_{j=1}^{n_i}u_{ij}$，调度 S 的总压缩量 $X(S,U)=\sum\limits_{i=1}^{m}X_i=\sum\limits_{i=1}^{m}\sum\limits_{j=1}^{n_i}u_{ij}$，约束条件为 $\sum\limits_{i=1}^{m}X_i\leqslant\bar{X}$。

因此，对于一可行解 (S,U)，工件 J_{ij} 的完工时间为 $C_{ij}=\sum\limits_{k=1}^{j}p_{ij}^A=\sum\limits_{k=1}^{j}(p_{ij}-u_{ij})$。机器 M_i 上最大完工时间是 $C_{\max}^i=\sum\limits_{j=1}^{n_i}p_{ij}^A$，解 (S,U) 对应的时间表长是 $C_{\max}=\max\{C_{\max}^i\mid i=1,\cdots,m\}=\max\{\sum\limits_{j=1}^{n_i}p_{ij}^A\mid i=1,\cdots,m\}$。本问题的目标是在约束条件 $X(S^*,U^*)\leqslant\bar{X}$ 下，找最优解 (S^*,U^*)，使 $C_{\max}(S^*,U^*)=\min\{C_{\max}(S,U)\}$。

4.2.2 复杂度和 MILP 模型

易知，当 $\bar{X}=0$ 时，$Pm\mid p_j^A=p_j-u_j,\ \sum\limits_{j=1}^{n}u_j\leqslant\bar{X}\mid C_{\max}$ 问题转化为经典的平行机时间表长问题 $Pm\mid\mid C_{\max}$，也就是 $Pm\mid\mid C_{\max}$ 是所考虑的 $Pm\mid p_j^A=p_j-u_j,\ \sum\limits_{j=1}^{n}u_j\leqslant\bar{X}\mid C_{\max}$ 问题的特殊情形。注意到问题 $Pm\mid\mid C_{\max}$ 是 NP 难问题（Pinedo & Michael L.，2012），所以问题 $Pm\mid p_j^A=p_j-u_j,\ \sum\limits_{j=1}^{n}u_j\leqslant\bar{X}\mid C_{\max}$ 也是 NP 难问题。有下面的结论：

定理 4.1 $Pm\mid p_j^A=p_j-u_j,\ \sum\limits_{j=1}^{n}u_j\leqslant\bar{X}\mid C_{\max}$ 是 NP 难问题。

下面给出所考虑问题的数学规划模型。注意 $C_{\max}^i = \sum_{j=1}^n p_{ij}^A = \sum_{j=1}^{n_i} p_{ij} - X_i$，也就是，如果机器 M_i 上的总一般加工时间和压缩量给定，则最大完工时间也是确定的且与该机器上工件加工次序无关。于是，问题转化成考虑哪些工件安排在机器 M_i 上加工及该机器上工件的总压缩量 $X_i, i = 1, \cdots, m$。事实上，若某台机器上存在多于一个工件且压缩量不为零，那么，由于资源是连续可分的，就存在很多甚至是无穷多种压缩方式。此时只需要考虑每台机器上工件的总压缩量而不需关注每台机器上各工件的具体压缩方式。

先定义变量 $\chi_{ij} \in \{0,1\}$ 如下：如果工件 J_j 安排在机器 M_i 上加工，令 $\chi_{ij} = 1$；否则，令 $\chi_{ij} = 0$。下面给出了所考虑问题的混合整数规划（mixed integer linear programming，MILP）模型，该模型有助于理解所考虑的问题的结构。

MILP 模型：

$$\text{Min} \quad C_{\max}$$

$$\text{s. t.} \quad \sum_{j=1}^n p_j \chi_{ij} - X_i \leqslant C_{\max}, \quad 1 \leqslant i \leqslant m \tag{4.1}$$

$$\sum_{i=1}^m X_i \leqslant \bar{X} \tag{4.2}$$

$$\sum_{i=1}^m \chi_{ij} = 1, \quad 1 \leqslant j \leqslant n \tag{4.3}$$

$$C_{\max} \geqslant 0 \tag{4.4}$$

$$X_i \geqslant 0, \quad 1 \leqslant i \leqslant m \tag{4.5}$$

$$\chi_{ij} \in \{0, 1\}, \quad 1 \leqslant i \leqslant m, 1 \leqslant j \leqslant n \tag{4.6}$$

约束集（4.1）定义了时间表长问题；约束（4.2）给出总压缩量；约束集（4.3）确保每个工件只安排在一台机器上加工；约束（4.4）和约束集（4.5）规定了 $C_{\max}$ 和 X_i 的非负性；约束集（4.6）建立了 $0 \sim 1$ 变量 χ_{ij}，其中 $1 \leqslant i \leqslant m$，$1 \leqslant j \leqslant n$。

4.2.3　最优压缩指派

由启发式方法获得近似解，是处理 NP 难问题的常见办法。根据定理 4.1，$Pm \mid p_j^A = p_j - u_j, \sum_{j=1}^{n} u_j \leq \bar{X} \mid C_{\max}$ 是 NP 难问题，因此在此用启发式方法来分析所考虑的问题。构造步骤分两阶段：第一阶段是考虑无压缩情形的经典时间表长问题，也就是先获得 n 个固定加工时长工件在 m 台机器上的划分 $S = \{S_1, \cdots, S_m\}$。第二阶段在获得的工件划分基础上考虑最优的压缩方式。

注意到，工件具有可以压缩至零的特点。给定一个工件划分，即调度 $S = \{S_1, \cdots, S_m\}$ 和子调度 $S_i = \{J_{i1}, \cdots, J_{in_i}\}$，机器 M_i 的原工作负荷/时间表长（总一般加工时间）$\sum_{j=1}^{n} p_{ij}$ 也是确定的。下面的定理给出了给定工件调度 S 下的最优压缩方法。

定理 4.2　将机器按工作负荷非减的次序排列如下：$C_{\max}^{(1)} \leq C_{\max}^{(2)} \leq \cdots \leq C_{\max}^{(m)}$，其中 $C_{\max}^{(i)}$，$i = 1, \cdots, m$ 是第 i 台已排序机器的原时间表长。第 i 台机器的压缩量 X_i 可按如下方式确定：

情形（Ⅰ）　若 $\sum_{i=1}^{m} (C_{\max}^{(i)} - C_{\max}^{(1)}) \leq \bar{X}$，那么：

$$X_i = C_{\max}^{(i)} - C_{\max}^{(1)} + [\bar{X} - \sum_{i=1}^{m} (C_{\max}^{(i)} - C_{\max}^{(1)})]/m, \quad i = 1, \cdots, m$$

情形（Ⅱ）　若存在正整数 j，使 $\sum_{i=j+1}^{m} (C_{\max}^{(i)} - C_{\max}^{(j+1)}) \leq \bar{X} < \sum_{i=j}^{m} (C_{\max}^{(i)} - C_{\max}^{(j)})$，那么：

$$X_i = \begin{cases} 0, & 1 \leq i \leq j, \\ C_{\max}^{(i)} - C_{\max}^{(j+1)} + [\bar{X} - \sum_{i=j+1}^{m} (C_{\max}^{(i)} - C_{\max}^{(j+1)})]/(m-j), & j+1 \leq i \leq m \end{cases}$$

证明　因为机器是从零时刻开始加工工件且没有空闲，因此压缩较小工作负荷上的机器上的工件，并不会减小所有机器的最大负荷，即时间表长。也就是说，在给定工件调度 S 的情况下，压缩目前具有最大负荷的机器上的工件才是最优的。于是易知结论成立。

因此，据定理4.2，只需要按机器负荷从大到小的方式压缩机器上的工件即可。情形（Ⅰ）表示资源（即总压缩量 $\bar{X}$）足够大，对给定的工件划分，能将所有机器的工作负荷压缩至相同的负荷。而情形（Ⅱ）对应的是资源量 $\bar{X}$ 只够将部分具有较大工作负荷机器上的工件压缩至使它们具有相同负荷。图4.1和图4.2分别刻画了这两种情形，其中 $M^{(i)}$ 记第 i 台已排序机器。从右往左移动一条垂直的直线，直线扫过的工件用阴影表示，条形图中阴影的总长度即为总的压缩量。

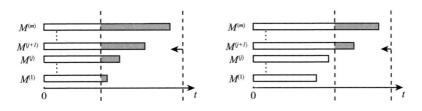

图4.1　情形（Ⅰ）：大压缩量的情况　　图4.2　情形（Ⅱ）：小压缩量的情况

4.2.4　近似算法

因为所考虑的问题是 NP 难问题 $Pm\|C_{\max}$ 的更一般情形，很自然的猜测：$Pm\|C_{\max}$ 问题的最优解即工件划分对 $Pm\mid p_j^A = p_j - u_j,\ \sum_{j=1}^{n} u_j \leqslant \bar{X}\mid C_{\max}$ 是否也是最优的？然而，并不存在这样的关系，这可以通过下面的例子来说明。

算例4.1　考虑5个工件在3台平行机上加工，工件的一般加工时间如表4.1所示。设压缩量的上限为 $\bar{X} = 6$。

表 4.1　　　　　　　　　算例 4.1 的工件一般加工时间

J_j	J_1	J_2	J_3	J_4	J_5
$\overline{p}_j$	4	4	6	8	8

易知工件划分 $S = \{J_3; J_2, J_5; J_1, J_4\}$ 是不考虑工件压缩时的最优调度，其时间表长是 12；调度 $S' = \{J_5; J_4; J_1, J_2, J_3\}$ 对应的时间表长为 14。但是，如果考虑压缩的话，调度 S 和 S' 获得的时间表长分别是 9 和 8（见图 4.3、图 4.4）。此时 S' 却是最优调度。

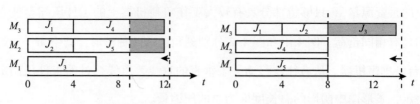

图 4.3　调度 S 的压缩　　　　　图 4.4　调度 S' 的压缩

最长加工时间优先（longest processing time first，LPT）规则，是对 $Pm \parallel C_{\max}$ 问题的著名的启发式算法，它的出发点是平衡各台机器的工作负荷。该规则是从零时刻开始，总是指派具有最长加工时间的未调度工件给目前具有最小负荷的机器加工。而列表（list scheduling，LS）规则是该问题的另一个有名近似算法，该方法是这样调度工件：工件按任意的顺序排列构成一个列表，从列表中逐个取出工件给无工件加工的机器，直至列表为空。两种算法的共同特点是：如果有未调度工件，则不允许有空闲机器。下面是两种算法的近似比。

引理 4.1　（Graham & Ronald，1966，1969）LS 算法和 LPT 算法的近似比分别是 $2 - \dfrac{1}{m}$ 和 $\dfrac{4}{3} - \dfrac{1}{3m}$，也就是：

$$\frac{C_{\max}(LS)}{C_{\max}(OPT)} \leqslant 2 - \frac{1}{m} \tag{4.7}$$

和

$$\frac{C_{\max}(LPT)}{C_{\max}(OPT)} \leqslant \frac{4}{3} - \frac{1}{3m} \tag{4.8}$$

为近似求解 $Pm \mid p_j^A = p_j - u_j, \sum\limits_{j=1}^{n} u_j \leq \bar{X} \mid C_{\max}$ 问题,在第一阶段分别应用 LS 规则和 LPT 规则获得各机器上的工件划分,第二阶段则在获得的工件划分基础上考虑最优工件压缩。将这两种两阶段的启发式算法分别记为 LS – 压缩、LNPT – 压缩,并正式叙述如下所示。

算法 4.1 LS – 压缩算法/LNPT – 压缩算法:

(1) 由 LS 规则和 LPT 规则求 $Pm \parallel C_{\max}$ 问题,分别获得相应的工件调度或划分。

(2) 对获得的每一调度,据定理 4.2 考虑各机器上工件的压缩,获得 $Pm \mid p_j^A = p_j - u_j, \sum\limits_{j=1}^{n} u_j \leq \bar{X} \mid C_{\max}$ 的近似解。

根据 LS 规则及上面叙述的压缩方法,可以知道,当 $mP_{\max} \leq \lambda P_{\text{sum}}$ 时,由 LS – 压缩算法产生的调度就是最优的。例如,李等(Li et al.,2011)提出了针对本问题的模拟退火算法,而用来验证算法有效性的计算实例中,很多算例也可以由 LS – 压缩算法直接产生最优解。下面在分析 LS 规则和 LPT 规则性质的基础上,分别给出 LS – 压缩算法和 LNPT – 压缩算法的性能比。

以 $C_{\max}(S)$ 和 $C_{\max}^R(S)$ 分别表示 $Pm \parallel C_{\max}$ 问题和 $Pm \mid p_j^A = p_j - u_j$,$\sum\limits_{j=1}^{n} u_j \leq \bar{X} \mid C_{\max}$ 问题对应调度 S 的时间表长。为了分析 LS – 压缩算法和 LNPT – 压缩算法的性能,下面的引理给出了它们的三个性质。

引理 4.2 (Pinedo & Michael,2012) 对 $Pm \parallel C_{\max}$ 问题,由任一列表按 LS 算法获得的调度 S 满足:

$$\max\left\{\frac{1}{m}P_{\text{sum}}, P_{\max}\right\} \leq C_{\max}(S) \leq \frac{1}{m}P_{\text{sum}} + \left(1 - \frac{1}{m}\right)P_{\max} \qquad (4.9)$$

其中,$P_{\text{sum}} = \sum\limits_{j=1}^{n} p_j$ 和 $P_{\max} = \max\{p_1, \cdots, p_n\}$。

引理 4.3 给定总的压缩量 $\bar{X}$,按 LS 算法获得的调度 S 满足:

$$\max\left\{\frac{1}{m}(P_{sum}-\bar{X}),C_{\max}(S)-\bar{X}\right\}\leqslant C_{\max}^{R}(S)\leqslant C_{\max}(S)-\frac{1}{m}\bar{X} \quad (4.10)$$

证明 由定理 4.2，给定调度 S 和总压缩量 $\bar{X}$，时间表长的减少量至少为 $\frac{1}{m}\bar{X}$，至多为 $\bar{X}$。另外，$\frac{1}{m}(P_{sum}-\bar{X})$ 是考虑压缩时，时间表长的一个下界，于是可建立关系式（4.10）。

引理 4.4 给定总的压缩量 $\bar{X}$，按 LS 算法获得的调度 S 满足：

$$\max\left\{\frac{1}{m}(P_{sum}-\bar{X}),P_{\max}-\bar{X}\right\}\leqslant C_{\max}^{R}(S)\leqslant\frac{1}{m}P_{sum}+\left(1-\frac{1}{m}\right)P_{\max}-\frac{1}{m}\bar{X}$$

$$(4.11)$$

证明 直接由引理 4.2 和引理 4.3 可得结论。

启发式方法的性能，可由最坏情况比给出。而关于 LS – 压缩算法和 LNPT – 压缩算法的性能比，结论如定理 4.3 所示。

定理 4.3 以 S^{LS}、S^{LN}、S^{O} 和 S^{*} 分别记 LS 调度、LNPT 调度、$Pm\parallel C_{\max}$ 问题的最优调度和 $Pm\mid p_{j}^{A}=p_{j}-u_{j},\sum_{j=1}^{n}u_{j}\leqslant\bar{X}\mid C_{\max}$ 问题的最优调度。那么 LS – 压缩算法和 LNPT – 压缩算法的性能界为：

$$\rho^{LS}=\frac{C_{\max}^{R}(S^{LS})}{C_{\max}^{R}(S^{*})}\leqslant\min\{\rho_{1},\rho_{2}\} \quad (4.12)$$

和

$$\rho^{LN}=\frac{C_{\max}^{R}(S^{LN})}{C_{\max}^{R}(S^{*})}\leqslant\min\{\rho_{1},\rho_{3}\} \quad (4.13)$$

其中，

$$\rho_{1}=\frac{\mu+(m-1-\mu)\lambda}{\max\{\mu(1-\lambda),m(1-\mu)\lambda\}} \quad (4.14)$$

$$\rho_{2}=\left(2-\frac{1}{m}\right)\cdot\frac{\mu+(m-1)\lambda}{\max\{\mu(1-\lambda),m(1-\mu)\lambda\}}-\frac{1}{\mu+(m-1-\mu)\lambda}$$

$$(4.15)$$

$$\rho_3 = \left(\frac{4}{3} - \frac{1}{3m}\right) \cdot \frac{\mu + (m-1)\lambda}{\max\{\mu(1-\lambda), m(1-\mu)\lambda\}} - \frac{1}{\mu + (m-1-\mu)\lambda} \quad (4.16)$$

和 λ，μ 为非负常数使 $\bar{X} = \lambda \bar{P}_{sum} = \mu \bar{P}_{max}$。

证明 由引理 4.4 中的不等式（4.11），可得：

$$\frac{C_{max}^R(S^{LS})}{C_{max}^R(S^*)} \leqslant \frac{\frac{1}{m}P_{sum} + \left(1 - \frac{1}{m}\right)P_{max} - \frac{1}{m}\bar{X}}{\max\left\{\frac{1}{m}(P_{sum} - \bar{X}), P_{max} - \bar{X}\right\}}$$

$$= \frac{\frac{1}{m}\frac{1}{\lambda}\bar{X} + \frac{1}{\mu}\left(1 - \frac{1}{m}\right)\bar{X} - \frac{1}{m}\bar{X}}{\max\left\{\frac{1}{m}\left(\frac{1}{\lambda}\bar{X} - \bar{X}\right), \frac{1}{\mu}\bar{X} - \bar{X}\right\}}$$

$$= \frac{\mu + (m-1-\mu)\lambda}{\max\{\mu(1-\lambda), m(1-\mu)\lambda\}} = \rho_1 \quad (4.17)$$

另外，利用引理 4.3 中的不等式（4.10），可得：

$$\frac{C_{max}^R(S^{LS})}{C_{max}^R(S^*)} \leqslant \frac{C_{max}(S^{LS}) - \frac{1}{m}\bar{X}}{C_{max}^R(S^*)}$$

$$= \frac{C_{max}(S^{LS})}{C_{max}(S^*)} \cdot \frac{C_{max}(S^*)}{C_{max}^R(S^*)} - \frac{\bar{X}}{mC_{max}^R(S^*)}$$

因为 $C_{max}(S^O) \leqslant C_{max}(S^*)$ 和 $\frac{C_{max}(S^{LS})}{C_{max}(S^O)}$ 满足不等式（4.7），所以：

$$\frac{C_{max}(S^{LS})}{C_{max}(S^*)} \leqslant \frac{C_{max}(S^L)}{C_{max}(S^O)} \leqslant 2 - \frac{1}{m}$$

考虑不等式（4.9）和不等式（4.11），可得下面的不等式：

$$\frac{C_{max}^R(S^{LS})}{C_{max}^R(S^*)} \leqslant \left(2 - \frac{1}{m}\right) \cdot \frac{\frac{1}{m}P_{sum} + \left(1 - \frac{1}{m}\right)P_{max}}{\max\left\{\frac{1}{m}(P_{sum} - \bar{X}), P_{max} - \bar{X}\right\}}$$

$$- \frac{\bar{X}}{m\left[\frac{1}{m}P_{sum} + \left(1 - \frac{1}{m}\right)P_{max} - \frac{1}{m}\bar{X}\right]}$$

$$\leqslant \left(2 - \frac{1}{m}\right) \cdot \frac{\frac{1}{m}\frac{1}{\lambda}\bar{X} + \frac{1}{\mu}\left(1 - \frac{1}{m}\right)\bar{X}}{\max\left\{\frac{1}{m}\left(\frac{1}{\lambda}\bar{X} - \bar{X}\right), \frac{1}{\mu}\bar{X} - \bar{X}\right\}}$$

$$- \frac{\bar{X}}{m\left[\frac{1}{m}\left(\frac{1}{\lambda}\bar{X}\right) + \left(1 - \frac{1}{m}\right)\frac{1}{\mu}\bar{X} - \frac{1}{m}\bar{X}\right]}$$

$$= \left(2 - \frac{1}{m}\right) \cdot \frac{\mu + (m-1)\lambda}{\max\left\{\mu(1-\lambda), m(1-\mu)\lambda\right\}} - \frac{1}{\mu + (m-1-\mu)\lambda} = \rho_2$$

$$(4.18)$$

因此，由关于 LS – 压缩算法的式（4.12）、式（4.14）和式（4.15），可得组合表达式（4.17）和式（4.18）。利用引理 4.1～4.4，那么关于 LNPTS – 压缩算法的结论式（4.13）、式（4.14）和式（4.16）可以类似证明，在此省略。

4.3

带一般位置依赖工作负荷的平行机问题

4.3.1　问题描述

考虑平行机问题如下：设含 n 个相互独立工件的工件集 $J = \{J_1, \cdots, J_n\}$ 在 m 台平行机 $M = \{M_1, \cdots, M_m\}$ 上加工。所有工件在零时刻释放，每台机器每次只能加工一件工件且工件中断是不允许的。工件 J_j 在机器 M_i 上加工的资源消费量记为 u_{ij}，且资源的单位成本为 v_{ij}。设工件工作负荷不仅依赖于机器且依赖于加工位置，记机器 M_i 上位置 r 处加工的每一工件 J_j 的工作负荷为 w_{ijr}，$i = 1, 2, \cdots, m, j, r = 1, 2, \cdots, n$。那么，机器 M_i 上位置 r 处加工的工件 J_j 的加工时间是 p_{ijr}，定义为如下的凸资源消费函数：

$$p_{ijr}(u_{ij}) = \left(\frac{w_{ijr}}{u_{ij}}\right) \tag{4.19}$$

其中，k 是正常数。注意到工件 J_j 的资源量 u_{ij}、单位成本 v_{ij} 及工作负荷是依赖于机器的，所以机器不是同速机。

考虑与两个成本相关的优化目标：传统的时间标准（调度成本）和资源消费惩罚（资源成本）。第一个记作 F_1，是加工时间的加权和：

$$F_1 = \sum_{i=1}^{m} \sum_{j=1}^{n} \sum_{r=1}^{n_i} \phi_i(r) p_{ijr}(u_{ij})$$

其中，n_i 是机器 M_i 上的工件数，$\phi_i(r)$ 是与机器 M_i 和位置 r 有关的权重，$i = 1, 2, \cdots, m, r = 1, 2, \cdots, n_i$；第二个记作 F_2，是资源消费成本：

$$F_2 = \sum_{i=1}^{m} \sum_{j=1}^{n} v_{ij} u_{ij}$$

考虑的问题是最小化其中一个成本，约束条件是另一个成本不超过一个给定上界。下面在每一个问题中，以 $\bar{C}_u$ 和 $\bar{C}_p$ 分别记作资源消费成本和总调度成本的上界。

也考虑下面特殊的资源消费函数：

$$p_{ijr}(u_{ij}) = \left(\frac{w_{ijr}}{u_j}\right)^k \tag{4.20}$$

在此情形下，对应目标函数简化为：

$$F_3 = \sum_{i=1}^{m} \sum_{j=1}^{n} \sum_{r=1}^{i} \phi_i(r) p_{ijr}(u_j)$$

$$F_4 = \sum_{j=1}^{n} v_j u_j$$

在关注单机问题时，第一个下标 i 在相关的表达式中将做相应的省略。那么，资源消费函数是：

$$p_{jr}(u_j) = \left(\frac{w_{jr}}{u_j}\right)^k \tag{4.21}$$

目标函数中，总调度成本和资源消费成本分别为：

$$F_5 = \sum_{j=1}^{n} \sum_{r=1}^{n} \phi(r) p_{jr}(u_j)$$

$$F_6 = \sum_{j=1}^{n} v_j u_j$$

作为结论的一个应用，还考虑最简单的凸资源消费函数：

$$p_j(u_j) = \left(\frac{w_j}{u_j}\right)^k \tag{4.22}$$

并分别记目标函数为：

$$F_7 = \sum_{j=1}^{n} \sum_{r=1}^{n} \phi(r) p_j(u_j)$$

$$F_8 = \sum_{j=1}^{n} v_j u_j$$

尽管 F_4、F_6 和 F_8 具有相同表达形式，但为区分它们是对应于不同的资源消费函数，在不同问题中还是用不同符号表示。

4.3.2 平行机问题及优化算法

本节考虑资源消费函数式（4.19）和式（4.20）对应的平行机问题。对每一情况，讨论一对互反的问题。

4.3.2.1 $p_{ijr}(u_{ij}) = \left(\dfrac{w_{ijr}}{u_{ij}}\right)^k$：总调度成本最小化

先考虑总调度成本最小化问题，约束条件是总资源消费成本 $F_2 = \sum_{i=1}^{m} \sum_{j=1}^{n} v_{ij} u_{ij}$ 为有限制的，即不超过一个给定的上界 $\bar{C}_u$。如果每台机器 M_i 上的工件数 n_i 给定的话，那么有 $\sum n_i = n$ 且 n 工件的位置是确定的。问题归结为给每个工件指定一个位置和确定资源消费量，使调度成本 F_1 取最小值。

采用类似于奥龙和丹尼尔（Oron & Daniel, 2016）的方法，构造二元 $0 \sim 1$ 变量将问题转化为混合整数非线性规划问题。先给出 n 个工件中每个工件的位置给定的情况下，工件的最优指派策略。定义二元决策变量 χ_{ijr}：若工件 J_j 安排在机器 M_i 上的位置 r，则 $\chi_{ijr}=1$；否则 $\chi_{ijr}=0$。

于是给定工件数集合 $(n_1,n_2,\cdots,n_m)$，所考虑问题（记作 P4 – 1）可转化为：

$$P4-1 \quad \text{Min} \quad F_1 = \sum_{i=1}^{m}\sum_{j=1}^{n}\sum_{r=1}^{n_i}\phi_i(r)\left(\frac{w_{ijr}}{u_{ij}}\right)^k\chi_{ijr} \tag{4.23}$$

$$\text{s. t.} \quad \sum_{i=1}^{m}\sum_{r=1}^{n_i}\chi_{ijr} = 1, \quad j=1,2,\cdots,n \tag{4.24}$$

$$\sum_{j=1}^{n}\chi_{ijr} = 1, \quad i=1,2,\cdots,m; r=1,2,\cdots,n_i \tag{4.25}$$

$$\sum_{i=1}^{m}\sum_{j=1}^{n}\sum_{r=1}^{n_i}v_{ij}u_{ij}\chi_{ijr} \leqslant \bar{C}_u \tag{4.26}$$

$$\chi_{ijr} \in \{0,1\}, \quad i=1,2,\cdots,m; j=1,2,\cdots,n; r=1,2,\cdots,n_i \tag{4.27}$$

$$u_{ij} > 0 \quad i=1,2,\cdots,m; j=1,2,\cdots,n \tag{4.28}$$

其中，式（4.23）中目标函数 F_1 为加权加工时间和。约束集（4.24）使每一工件只指派一个位置；约束集（4.25）使每一位置只安排一个工件；约束集（4.26）给出资源消费总成本的上界 $\bar{C}_u$；式（4.27）定义了二元变量 χ；约束集（4.28）说明资源量为正。

注意到，目标函数 F_1 是资源指派量的减函数，因此最优解中所有的可用资源都是消费完全的。也就是，总资源消费约束不等式（4.26）为等式约束。下面是给定工件划分和工件序列的条件下，关于每一个工件的资源指派策略，它将用来改写目标函数。

引理 4.5 给定集合 $(n_1,n_2,\cdots,n_m)$ 和工件序列，即变量 χ_{ijr}，$i=1,2,\cdots,m$；$j=1,2,\cdots,n$；$r=1,2,\cdots,n_i$，工件 J_j 的最优资源指派是：

$$u_{ij} = \frac{v_{ij}^{-\frac{1}{k+1}}\left(\sum\limits_{r=1}^{n_i}\phi_i(r)w_{ijr}^k\chi_{ijr}\right)^{\frac{1}{k+1}}}{\sum\limits_{i=1}^{m}\sum\limits_{j=1}^{n}v_{ij}^{\frac{k}{k+1}}\left(\sum\limits_{r=1}^{n_i}\phi_i(r)w_{ijr}^k\chi_{ijr}\right)^{\frac{1}{k+1}}}\bar{C}_u$$

$$i = 1,2,\cdots,m; j = 1,2,\cdots,n; \sum_{r=1}^{n_i}\chi_{ijr} = 1 \qquad (4.29)$$

证明 显然对于给定的变量 χ_{ijr}，$i = 1,2,\cdots,m$；$j = 1,2,\cdots,n$；$r = 1$，$2,\cdots,n_i$，是满足式（4.24）和式（4.25）的，且最优解中式（4.26）是等式约束。因此，问题 P4-1 变为最小化：

$$\sum_{i=1}^{m}\sum_{j=1}^{n}\sum_{r=1}^{n_i}\phi_i(r)\left(\frac{w_{ijr}}{u_{ij}}\right)^k\chi_{ijr}$$

使得，

$$\sum_{i=1}^{m}\sum_{j=1}^{n}\sum_{r=1}^{n_i}\chi_{ijr}v_{ij}u_{ij} = \sum_{i=1}^{m}\sum_{j=1}^{n}v_{ij}u_{ij}\sum_{r=1}^{n_i}\chi_{ijr} = \bar{C}_u$$

这是等式约束的最小化问题。注意到，$\sum\limits_{r=1}^{n_i}\chi_{ijr} = 0$ 意味着工件 J_j 没有安排在机器 M_i，也就是目标函数 F_1 中没有对应的项 $p_{ijr}(u_{ij})$，F_2 中也就没有资源消费项 $v_{ij}u_{ij}$。在这种情况下，$u_{ij} = 0$ 是等价于 $p_{ijr}(\infty) = 0$。所以，需要考虑的就是，最优资源指派可以直接应用拉格朗日方法获得的情形 $\sum\limits_{r=1}^{n_i}\chi_{ijr} = 1$。

对给定工件序列，拉格朗日函数为：

$$L(u_{ij},\lambda) = \sum_{i=1}^{m}\sum_{j=1}^{n}\sum_{r=1}^{n_i}\phi_i(r)\left(\frac{w_{ijr}}{u_{ij}}\right)^k\chi_{ijr} + \lambda\left(\sum_{i=1}^{m}\sum_{j=1}^{n}v_{ij}u_{ij} - \bar{C}_u\right)$$

$$(4.30)$$

其中，λ 是拉格朗日乘数。因为 $L(u_{ij},\lambda)$ 是凸函数，对式（4.30）关于变量 (u_{ij},λ) 求导，可得最优解的充分必要条件如下：

$$\frac{\partial L(u_{ij},\lambda)}{\partial u_{ij}} = \frac{-k}{u_{ij}^{k+1}}\sum_{r=1}^{n_i}\phi_i(r)(w_{ijr})^k\chi_{ijr} + \lambda v_{ij} = 0$$

$$i = 1,2,\cdots,m; j = 1,2,\cdots,n; \sum_{r=1}^{n_i} \chi_{ijr} = 1 \tag{4.31}$$

和

$$\frac{\partial L(u_{ij},\lambda)}{\partial \lambda} = \sum_{i=1}^{m} \sum_{j=1}^{n} v_{ij}u_{ij} - \bar{C}_u = 0 \tag{4.32}$$

由式 (4.31) 可得：

$$u_{ij} = \left(\frac{k}{\lambda}\right)^{\frac{1}{k+1}} v_{ij}^{-\frac{1}{k+1}} \left(\sum_{r=1}^{n_i} \phi_i(r) w_{ijr}^k \chi_{ijr}\right)^{\frac{1}{k+1}} \tag{4.33}$$

将式 (4.33) 代入式 (4.32) 得：

$$\left(\frac{k}{\lambda}\right)^{\frac{1}{k+1}} = \bar{C}_u \left[\sum_{i=1}^{m} \sum_{j=1}^{n} v_{ij}^{\frac{k}{k+1}} \left(\sum_{r=1}^{n_i} \phi_i(r) w_{ijr}^k \chi_{ijr}\right)^{\frac{1}{k+1}}\right]^{-1} \tag{4.34}$$

最后，将式 (4.34) 代入式 (4.33)，可得式 (4.29)。

根据上面引理给出的给定工件序列下最优解的资源指派策略，可将目标函数 F_1 表示为工件负荷和变量 χ 的函数。

引理 4.6 调度成本 F_1 可表示为下面表达式：

$$F_1 = \frac{1}{\bar{C}_u^k} \left[\sum_{i=1}^{m} \sum_{j=1}^{n} v_{ij}^{\frac{k}{k+1}} \left(\sum_{r=1}^{n_i} \phi_i(r) w_{ijr}^k \chi_{ijr}\right)^{\frac{1}{k+1}}\right]^{k+1} \tag{4.35}$$

证明 改写式 (4.23) 中的目标函数如下：

$$F_1 = \sum_{i=1}^{m} \sum_{j=1}^{n} \left(\frac{1}{u_{ij}}\right)^k \sum_{r=1}^{n_i} \phi_i(r) w_{ijr}^k \chi_{ijr}$$

将上面目标函数 F_1 中变量 u_{ij} 用式 (4.29) 替换，可得：

$$F_1 = \sum_{i=1}^{m} \sum_{j=1}^{n} \frac{v_{ij}^{\frac{k}{k+1}} \left[\sum_{i=1}^{m} \sum_{j=1}^{n} v_{ij}^{\frac{k}{k+1}} \left(\sum_{r=1}^{n_i} \phi_i(r) w_{ijr}^k \chi_{ijr}\right)^{\frac{1}{k+1}}\right]^k}{\bar{C}_u^k \left(\sum_{r=1}^{n_i} \phi_i(r) w_{ijr}^k \chi_{ijr}\right)^{\frac{k}{k+1}}} \sum_{r=1}^{n_i} \phi_i(r) w_{ijr}^k \chi_{ijr}$$

$$= \frac{1}{\bar{C}_u^k} \left[\sum_{i=1}^{m} \sum_{j=1}^{n} v_{ij}^{\frac{k}{k+1}} \left(\sum_{r=1}^{n_i} \phi_i(r) w_{ijr}^k \chi_{ijr}\right)^{\frac{1}{k+1}}\right]^k \sum_{i=1}^{m} \sum_{j=1}^{n} v_{ij}^{\frac{k}{k+1}} \left(\sum_{r=1}^{n_i} \phi_i(r) w_{ijr}^k \chi_{ijr}\right)^{\frac{1}{k+1}}$$

$$= \frac{1}{\bar{C}_u^k} \left[\sum_{i=1}^{m} \sum_{j=1}^{n} v_{ij}^{\frac{k}{k+1}} \left(\sum_{r=1}^{n_i} \phi_i(r) w_{ijr}^k \chi_{ijr}\right)^{\frac{1}{k+1}}\right]^{k+1}$$

式（4.35）中结果得证，证毕。

式（4.35）中 k 和 $\bar{C}_u$ 为正参数，因此最小化式（4.35）中调度成本 F_1，等价于最小化下面的表达式：

$$\sum_{i=1}^{m} \sum_{j=1}^{n} v_{ij}^{\frac{k}{k+1}} \left(\sum_{r=1}^{n_i} \phi_i(r) w_{ijr}^k \chi_{ijr} \right)^{\frac{1}{k+1}} \tag{4.36}$$

注意到，χ_{ijr} 是 $0 \sim 1$ 变量且对所有的 $j=1,2,\cdots,n$，有 $\sum\limits_{i=1}^{m} \sum\limits_{r=1}^{n_i} \chi_{ijr} = 1$

［式（4.24）］。也就意味着，对于每一个 j，$\sum\limits_{r=1}^{n_i} \chi_{ijr} = 0$ 或 $\sum\limits_{r=1}^{n_i} \chi_{ijr} = 1$，即在

$\sum\limits_{r=1}^{n_i} \phi_i(r) w_{ijr}^k \chi_{ijr}$ 中至多有一项非零。所以有：

$$\left(\sum_{r=1}^{n_i} \phi_i(r) w_{ijr}^k \chi_{ijr} \right)^{\frac{1}{k+1}} = \sum_{r=1}^{n_i} \phi_i(r)^{\frac{1}{k+1}} w_{ijr}^{\frac{k}{k+1}} \chi_{ijr}$$

因此，式（4.36）可改写为：

$$\sum_{i=1}^{m} \sum_{j=1}^{n} \sum_{r=1}^{n_i} v_{ij}^{\frac{k}{k+1}} \phi_i(r)^{\frac{1}{k+1}} w_{ijr}^{\frac{k}{k+1}} \chi_{ijr} \tag{4.37}$$

注意到，上面的表达式是不依赖于资源指派策略的，它可以作为问题 P4 - 1 的目标函数并且可以去掉式（4.26）和式（4.28）。

因此，给定集合 $(n_1, n_2, \cdots, n_i)$，问题 P4 - 1 可以归结为下面的指派问题（将其记为 LAP4 -1）。

LAP4 - 1　**Min** $\sum\limits_{i=1}^{m} \sum\limits_{j=1}^{n} \sum\limits_{r=1}^{n_i} v_{ij}^{\frac{k}{k+1}} \phi_i(r)^{\frac{1}{k+1}} w_{ijr}^{\frac{k}{k+1}} \chi_{ijr}$

　　　s. t. $\sum\limits_{i=1}^{m} \sum\limits_{r=1}^{n_i} \chi_{ijr} = 1, \quad j = 1,2,\cdots,n$

　　　　　$\sum\limits_{j=1}^{n} \chi_{ijr} = 1, \quad i = 1,2,\cdots,m; r = 1,2,\cdots,n_i$

　　　　　$\chi_{ijr} \in \{0,1\}, \quad i = 1,2,\cdots,m; j = 1,2,\cdots,n; r = 1,2,\cdots,n_i$

据上面的分析，对所考虑的最小化调度成本问题，有下面的求解算法。

算法4.2　平行机上最小化总调度成本算法：

（1）输入 m，$\bar{C}_u$ 和 $w_{ijr}, i = 1,2,\cdots,m; j = 1,2,\cdots,n; r = 1,2,\cdots,n$。

（2）对每一集合 $(n_1, n_2, \cdots, n_i)$，执行以下操作。

① 求解 LAP4 – 1，确定最优调度序列。

② 根据式（4.29），给出资源 u_{ij}。

③ 由式（4.23），计算总调度成本 F_1。

（3）选择具有最小总成本值的解。

定理4.4 算法4.2求解 m 台平行机的总调度成本最小化问题复杂度为 $O(n^{m+2})$。

证明 算法的正确性由引理4.5、引理4.6和上面的讨论给出。注意给定 $(n_1, n_2, \cdots, n_i)$，步骤①求解 LAP1 需要时间 $O(n^3)$（Papadimitriou et al.，1998）；步骤②给每一个工件计算资源量需要 $O(n)$，总时间为 $O(n^2)$；执行步骤③需要 $O(n)$ 时间。

由于机器不是同速机，所有组合数 $(n_1, n_2, \cdots, n_i)$ 等于 $n_1 + n_2 + \cdots + n_m = n$ 的非负解数量，也就是 $\binom{n+m-1}{m-1} = \frac{(n+m-1)!}{(m-1)! \, n!}$。（Mott et al.，1986）因为 $\frac{(n+m-1)!}{(m-1)! \, n!} < n^{m-1}$，执行步骤（2）的次数为 $O(n^{m-1})$。另外，步骤（1）和步骤（3）需要线性时间。因此，总时间复杂度为 $O(n^{m+2})$。

4.3.2.2 $p_{ijr}(u_{ij}) = \left(\dfrac{w_{ijr}}{u_{ij}}\right)^k$：总资源消费成本最小化

下面分析总资源消费成本最小化问题，约束条件为总调度成本 $F_1 = \sum_{i=1}^{m} \sum_{j=1}^{n} \sum_{r=1}^{n_i} \phi_i(r) p_{ijr}(u_{ij})$ 不超过给定的上限 $\bar{C}_p$。类似于总调度成本最小化问题，给定工件数集合 $(n_1, n_2, \cdots, n_m)$，问题可归为下面的 LP 问题（记作 P4 – 2）：

$$\text{P4 – 2} \quad \text{Min} \quad F_2 = \sum_{i=1}^{m} \sum_{j=1}^{n} \sum_{r=1}^{n_i} v_{ij} u_{ij} \chi_{ijr} \tag{4.38}$$

$$\text{s. t.} \quad \sum_{i=1}^{m} \sum_{r=1}^{n_i} \chi_{ijr} = 1, \quad j = 1, 2, \cdots, n \tag{4.39}$$

$$\sum_{j=1}^{n} \chi_{ijr} = 1, \quad i = 1,2,\cdots,m; r = 1,2,\cdots,n_i \qquad (4.40)$$

$$\sum_{i=1}^{m} \sum_{j=1}^{n} \sum_{r=1}^{n_i} \phi_i(r) \left(\frac{w_{ijr}}{u_{ij}}\right)^k \chi_{ijr} \leq \bar{C}_p \qquad (4.41)$$

$$\chi_{ijr} \in \{0,1\}, \quad i = 1,2,\cdots,m; j = 1,2,\cdots,n; r = 1,2,\cdots,$$

$$n_i \qquad\qquad\qquad\qquad\qquad\qquad (4.42)$$

$$u_{ij} > 0 \quad i = 1,2,\cdots,m; j = 1,2,\cdots,n \qquad (4.43)$$

注意到，保证总调度成本不超过给定上界 $\bar{C}_p$ 的式（4.41）是紧的，可以改写成等式。如果 $F_1 = \sum_{i=1}^{m} \sum_{j=1}^{n} \sum_{r=1}^{n_i} \phi_i(r) p_{ijr}(u_{ij})$ 和 $\bar{C}_p$ 之间存在空隙，则通过减少任一工件的资源使用量来消除该空隙，并都将减少总的资源成本。因此，最优解总是满足等式约束。

下面的引理提供给定工件划分和工件序列的条件下，每一工件的最优资源指派策略，其将被用于化简问题 P4-2 中的目标函数。

引理 4.7 给定工件数集合 $(n_1, n_2, \cdots, n_m)$ 和给定工件序列，即变量 $\chi_{ijr}, i = 1,2,\cdots,m; j = 1,2,\cdots,n; r = 1,2,\cdots,n_i$，工件 J_j 的最优资源消费量为：

$$u_{ij} = v_{ij}^{-\frac{1}{k+1}} \left(\sum_{r=1}^{n_i} \phi_i(r) w_{ijr}^k \chi_{ijr}\right)^{\frac{1}{k+1}} \left[\sum_{i=1}^{m} \sum_{j=1}^{n} v_{ij}^{\frac{k}{k+1}} \left(\sum_{r=1}^{n_i} \phi_i(r) w_{ijr}^k \chi_{ijr}\right)^{\frac{1}{k+1}}\right]^{\frac{1}{k}} \bar{C}_p^{-\frac{1}{k}}$$

$$i = 1,2,\cdots,m; j = 1,2,\cdots,n \qquad (4.44)$$

证明 类似地，注意到对于给定 $\chi_{ijr}, i = 1,2,\cdots,m; j = 1,2,\cdots,n; r = 1,2,\cdots,n_i$，式（4.39）和式（4.40）成立。最优解中式（4.41）满足等式。与引理 4.5 证明类似，只需要考虑情况 $\sum_{r=1}^{n_i} \chi_{ijr} = 1$。因此，问题 P4-2 归结为最小化：

$$\sum_{i=1}^{m} \sum_{j=1}^{n} v_{ij} u_{ij}$$

使得满足：

$$\sum_{i=1}^{m} \sum_{j=1}^{n} \sum_{r=1}^{n_i} \phi_i(r) \left(\frac{w_{ijr}}{u_{ij}}\right)^k \chi_{ijr} = \overline{C}_p$$

这是等式优化问题，可直接使用拉格朗日方法获得最优资源指派。对给定工件序列，拉格朗日函数为：

$$L(u_{ij}, \lambda) = \sum_{i=1}^{m} \sum_{j=1}^{n} v_{ij} u_{ij} + \lambda \Big[\sum_{i=1}^{m} \sum_{j=1}^{n} \sum_{r=1}^{n_i} \phi_i(r) \left(\frac{w_{ijr}}{u_{ij}}\right)^k \chi_{ijr} - \overline{C}_p \Big]$$

$$(4.45)$$

其中，λ 是拉格朗日乘数。因为 $L(u_{ij}, \lambda)$ 是凸函数，对式（4.45）关于变量 (u_{ij}, λ) 求导，得最优解的充分必要条件为：

$$\frac{\partial L(u_{ij}, \lambda)}{\partial u_{ij}} = v_{ij} - \frac{\lambda k}{u_{ij}^{k+1}} \sum_{r=1}^{n_i} \phi_i(r) (w_{ijr})^k \chi_{ijr} = 0$$

$$i = 1, 2, \cdots, m; \ j = 1, 2, \cdots, n \qquad (4.46)$$

和

$$\frac{\partial L(u_{ij}, \lambda)}{\partial \lambda} = \sum_{i=1}^{m} \sum_{j=1}^{n} \sum_{r=1}^{n_i} \phi_i(r) \left(\frac{w_{ijr}}{u_{ij}}\right)^k \chi_{ijr} - \overline{C}_p = 0 \qquad (4.47)$$

由式（4.46），得：

$$u_{ij} = (\lambda k)^{\frac{1}{k+1}} v_{ij}^{-\frac{1}{k+1}} \Big(\sum_{r=1}^{n_i} \phi_i(r) w_{ijr}^k \chi_{ijr} \Big)^{\frac{1}{k+1}} \qquad (4.48)$$

将式（4.48）代入式（4.47），得：

$$(\lambda k)^{\frac{1}{k+1}} = \overline{C}_p^{-\frac{1}{k}} \Big[\sum_{i=1}^{m} \sum_{j=1}^{n} v_{ij}^{\frac{k}{k+1}} \Big(\sum_{r=1}^{n_i} \phi_i(r) w_{ijr}^k \chi_{ijr} \Big)^{\frac{1}{k+1}} \Big]^{\frac{1}{k}} \qquad (4.49)$$

最后，将式（4.49）代入式（4.48），可得式（4.44），证毕。

根据获得的关于给定序列时，工件的最优资源指派策略，可将目标函数 F_2 改写为工件负荷和变量 χ 的函数。

引理 4.8 总资源成本 F_2 具有如下表达式：

$$F_2 = \frac{1}{\overline{C}_p^{\frac{1}{k}}} \Big[\sum_{i=1}^{m} \sum_{j=1}^{n} v_{ij}^{\frac{k}{k+1}} \Big(\sum_{r=1}^{n_i} \phi_i(r) w_{ijr}^k \chi_{ijr} \Big)^{\frac{1}{k+1}} \Big]^{\frac{1}{k}+1} \qquad (4.50)$$

证明 将上面获得的机器 M_i 上工件 J_j 的资源指派式（4.44）中的 u_{ij}

代入式（4.38）（ $\sum\limits_{r=1}^{n_i} \chi_{ijr} = 1$ ）中目标函数 F_2，可得：

$$
\begin{aligned}
F_2 &= \sum_{i=1}^{m} \sum_{j=1}^{n} v_{ij} u_{ij} \\
&= \sum_{i=1}^{m} \sum_{j=1}^{n} v_{ij}^{1-\frac{1}{k+1}} \left(\sum_{r=1}^{n_i} \phi_i(r) w_{ijr}^k \chi_{ijr} \right)^{\frac{1}{k+1}} \\
&\quad \left[\sum_{i=1}^{m} \sum_{j=1}^{n} v_{ij}^{\frac{k}{k+1}} \left(\sum_{r=1}^{n_i} \phi_i(r) w_{ijr}^k \chi_{ijr} \right)^{\frac{1}{k+1}} \right]^{\frac{1}{k}} \bar{C}_p^{-\frac{1}{k}} \\
&= \frac{1}{\bar{C}_p^{\frac{1}{k}}} \left[\sum_{i=1}^{m} \sum_{j=1}^{n} v_{ij}^{\frac{k}{k+1}} \left(\sum_{r=1}^{n_i} \phi_i(r) w_{ijr}^k \chi_{ijr} \right)^{\frac{1}{k+1}} \right]^{\frac{1}{k}+1}
\end{aligned}
$$

因此，得到所要证明的式（4.50），证毕。

对比式（4.50）和式（4.35），容易发现：最小化式（4.50）中的总资源成本 F_2，也等价于最小化式（4.37）中同一表达式。所以，给定集合 $(n_1, n_2, \cdots, n_i)$，最小化总资源成本问题 P4-2 可归结为应用于求解总调度成本问题 P4-1 的线性指派问题 LAP4-1。稍微修改算法 4.2，可得下面的求解总资源成本最小化问题的算法。

定理 4.5 算法 4.2 求解 m 台平行机上总资源消费成本问题的时间复杂度为 $O(n^{m+2})$。

证明 引理 4.7 和引理 4.8 及上面的分析保证了算法的正确性。显然，算法复杂度同定理 4.4 中给出的算法 4.2 的复杂度，即是 $O(n^{m+2})$。

算法 4.3 平行机上最小化总资源消费成本算法：

（1）输入 m，$\bar{C}_p$ 和 w_{ijr}，$i=1,2,\cdots,m; j=1,2,\cdots,n; r=1,2,\cdots,n$。

（2）对每一集合 $(n_1, n_2, \cdots, n_i)$，执行以下操作。

① 求解 LAP4-1，确定最优调度序列。

② 根据式（4.44），给出资源 u_{ij}。

③ 由式（4.38），计算总调度成本 F_2。

（3）选择具有最小总资源消费成本值的解。

4.3.2.3 资源消费函数 $p_{ijr}(u_{ij}) = \left(\dfrac{w_{ijr}}{u_j}\right)^k$

在本小节，假设 $p_{ijr}(u_{ij}) = \left(\dfrac{w_{ijr}}{u_j}\right)^k$，单位资源 u_j 的成本是 v_j。利用上小节获得的结论来分析这种特殊情形，而且最小化总调度成本和最小化总资源消费成本这一对互反问题将一起讨论。对给定的 m 台平行机的工件数集合 $(n_1, n_2, \cdots, n_m)$ 和常数 $\overline{C}_u$、$\overline{C}_p$，最小化总调度成本（记作 P4-3）和最小化总资源消费成本（记作 P4-4）可通过求解下面两 LP 得到。

$$\text{P4-3/P4-4} \quad \text{Min} \quad F_3 = \sum_{i=1}^{m}\sum_{j=1}^{n}\sum_{r=1}^{n_i}\phi_i(r)\left(\frac{w_{ijr}}{u_j}\right)^k\chi_{ijr} \quad / \quad F_4 = \sum_{j=1}^{n}v_ju_j$$

$$(4.51)$$

$$\text{s. t.} \quad \sum_{i=1}^{m}\sum_{r=1}^{n_i}\chi_{ijr} = 1, \quad j = 1,2,\cdots,n$$

$$\sum_{j=1}^{n}\chi_{ijr} = 1, \quad i = 1,2,\cdots,m; r = 1,2,\cdots,n_i$$

$$\sum_{j=1}^{n}v_ju_j = \overline{C}_u \quad / \quad \sum_{i=1}^{m}\sum_{j=1}^{n}\sum_{r=1}^{n_i}\phi_i(r)\left(\frac{w_{ijr}}{u_j}\right)^k\chi_{ijr} = \overline{C}_p$$

$$(4.52)$$

$$\chi_{ijr} \in \{0,1\}, \quad i = 1,2,\cdots,m$$

$$j = 1,2,\cdots,n; r = 1,2,\cdots,n_i$$

$$u_j > 0 \quad j = 1,2,\cdots,n$$

事实上，对于 $\sum\limits_{i=1}^{m}\sum\limits_{r=1}^{n_i}\chi_{ijr} = 1$，有 $F_4 = \sum\limits_{i=1}^{m}\sum\limits_{j=1}^{n}\sum\limits_{r=1}^{n_i}v_ju_j\chi_{ijr} = \sum\limits_{i=1}^{m}\sum\limits_{r=1}^{n_i}\chi_{ijr}\sum\limits_{j=1}^{n}v_ju_j = \sum\limits_{j=1}^{n}v_ju_j$。下面的引理提供了给定工件序列下的最优资源指派策略。

引理 4.9 给定集合 $(n_1, n_2, \cdots, n_m)$ 和变量 χ_{ijr}，$i = 1,2,\cdots,m$；$j = 1,2,\cdots,n$；$r = 1,2,\cdots,n_i$，问题 P4-3 中工件 J_j 的最优资源指派为：

$$u_j = \frac{v_j^{-\frac{1}{k+1}}\left(\sum\limits_{i=1}^{m}\sum\limits_{r=1}^{n_i}\phi_i(r)w_{ijr}^k\chi_{ijr}\right)^{\frac{1}{k+1}}}{\sum\limits_{j=1}^{n}v_j^{\frac{k}{k+1}}\left(\sum\limits_{i=1}^{m}\sum\limits_{r=1}^{n_i}\phi_i(r)w_{ijr}^k\chi_{ijr}\right)^{\frac{1}{k+1}}}\bar{C}_u, \quad j=1,2,\cdots,n \quad (4.53)$$

问题 P4-4 中工件 J_j 的最优资源指派为:

$$u_j = v^{-\frac{1}{k+1}}\left(\sum\limits_{i=1}^{m}\sum\limits_{r=1}^{n_i}\phi_i(r)w_{ijr}^k\chi_{ijr}\right)^{\frac{1}{k+1}}\left[\sum\limits_{j=1}^{n}v_j^{\frac{k}{k+1}}\left(\sum\limits_{i=1}^{m}\sum\limits_{r=1}^{n_i}\phi_i(r)w_{ijr}^k\chi_{ijr}\right)^{\frac{1}{k+1}}\right]^{\frac{1}{k}}\bar{C}_p^{-\frac{1}{k}}$$

$$j=1,2,\cdots,n \quad (4.54)$$

证明 对式（4.51）中目标函数和等式约束（4.52），最优资源指派可以通过拉格朗日方法获得。给定工件序列，问题 P4-3 的拉格朗日函数为:

$$L(u_j,\lambda) = \sum\limits_{i=1}^{m}\sum\limits_{j=1}^{n}\sum\limits_{r=1}^{n_i}\phi_i(r)\left(\frac{w_{ijr}}{u_j}\right)^k\chi_{ijr} + \lambda\left(\sum\limits_{j=1}^{n}v_ju_j - \bar{C}_u\right) \quad (4.55)$$

对式（4.55）关于变量 (u_j,λ) 求导，可得最优解的充分必要条件如下:

$$\frac{\partial L(u_j,\lambda)}{\partial u_j} = \frac{-k}{u_j^{k+1}}\sum\limits_{i=1}^{m}\sum\limits_{r=1}^{n_i}\phi_i(r)(w_{ijr})^k\chi_{ijr} + \lambda v_j = 0, j=1,2,\cdots,n$$

$$(4.56)$$

和

$$\frac{\partial L(u_j,\lambda)}{\partial \lambda} = \sum\limits_{j=1}^{n}v_ju_j - \bar{C}_u = 0 \quad (4.57)$$

由式（4.56），得:

$$u_j = \left(\frac{k}{\lambda}\right)^{\frac{1}{k+1}}v_j^{-\frac{1}{k+1}}\left(\sum\limits_{i=1}^{m}\sum\limits_{r=1}^{n_i}\phi_i(r)w_{ijr}^k\chi_{ijr}\right)^{\frac{1}{k+1}} \quad (4.58)$$

将式（4.58）代入式（4.57），可得:

$$\left(\frac{k}{\lambda}\right)^{\frac{1}{k+1}} = \bar{C}_u\left[\sum\limits_{j=1}^{n}v_j^{\frac{k}{k+1}}\left(\sum\limits_{i=1}^{m}\sum\limits_{r=1}^{n_i}\phi_i(r)w_{ijr}^k\chi_{ijr}\right)^{\frac{1}{k+1}}\right]^{-1} \quad (4.59)$$

最后，将式（4.59）代入式（4.58），得到式（4.53）。

接下来，考虑问题 P4-4 的最优资源指派。拉格朗日函数是:

$$L(u_j,\lambda) = \sum_{j=1}^{n} v_j u_{ij} + \lambda\Big[\sum_{i=1}^{m}\sum_{j=1}^{n}\sum_{r=1}^{n_i}\phi_i(r)\Big(\frac{w_{ijr}}{u_j}\Big)^k\chi_{ijr} - \bar{C}_p\Big] \quad (4.60)$$

对式（4.60）关于变量(u_j,λ)求导，得最优解充分必要条件：

$$\frac{\partial L(u_j,\lambda)}{\partial u_j} = v_j - \frac{\lambda k}{u_j^{k+1}}\sum_{i=1}^{m}\sum_{r=1}^{n_i}\phi_i(r)(w_{ijr})^k\chi_{ijr} = 0,\ j = 1,2,\cdots,n$$

$$(4.61)$$

和

$$\frac{\partial L(u_{ij},\lambda)}{\partial\lambda} = \sum_{i=1}^{m}\sum_{j=1}^{n}\sum_{r=1}^{n_i}\phi_i(r)\Big(\frac{w_{ijr}}{u_j}\Big)^k\chi_{ijr} - \bar{C}_p = 0 \quad (4.62)$$

由式（4.61），得：

$$u_j = (\lambda k)^{-\frac{1}{k+1}}v_j^{-\frac{1}{k+1}}\Big(\sum_{i=1}^{m}\sum_{r=1}^{n_i}\phi_i(r)w_{ijr}^k\chi_{ijr}\Big)^{\frac{1}{k+1}} \quad (4.63)$$

将式（4.63）代入式（4.62），可得：

$$(\lambda k)^{\frac{1}{k+1}} = \bar{C}_p^{-\frac{1}{k}}\Big[\sum_{j=1}^{n}v_j^{\frac{k}{k+1}}\Big(\sum_{i=1}^{m}\sum_{r=1}^{n_i}\phi_i(r)w_{ijr}^k\chi_{ijr}\Big)^{\frac{1}{k+1}}\Big]^{\frac{1}{k}} \quad (4.64)$$

最后，将式（4.64）代入式（4.63），可得所要的式（4.54），证毕。

因此，由获得的给定工件序列下的资源指派策略，可将目标函数F_3和F_4改写为工作负荷和变量χ的函数。

引理4.10　问题 P4-3 的总调度成本F_3有表达式：

$$F_3 = \frac{1}{\bar{C}_u^k}\Big[\sum_{j=1}^{n}v_j^{\frac{k}{k+1}}\Big(\sum_{i=1}^{m}\sum_{r=1}^{n_i}\phi_i(r)w_{ijr}^k\chi_{ijr}\Big)^{\frac{1}{k+1}}\Big]^{k+1} \quad (4.65)$$

问题 P4-4 的总资源消费成本F_4有表达式：

$$F_4 = \frac{1}{\bar{C}_p^{\frac{1}{k}}}\Big[\sum_{j=1}^{n}v_j^{\frac{k}{k+1}}\Big(\sum_{i=1}^{m}\sum_{r=1}^{n_i}\phi_i(r)w_{ijr}^k\chi_{ijr}\Big)^{\frac{1}{k+1}}\Big]^{\frac{1}{k}+1} \quad (4.66)$$

证明　证明类似于引理4.6和引理4.8。将目标函数F_3和F_4中资源量u_j，分别替换为最优资源指派式（4.53）和式（4.54），并化简表达式，即可得结论。

注意到，χ_{ijr} 是二元变量且对所有 $j = 1, 2, \cdots, n$，有 $\sum\limits_{i=1}^{m} \sum\limits_{r=1}^{n_i} \chi_{ijr} = 1$。意味着，式 $\sum\limits_{i=1}^{m} \sum\limits_{r=1}^{n_i} \phi_i(r) w_{ijr}^k \chi_{ijr}$ 中，有且仅有一项非零。所以，隐含着：

$$\Big(\sum_{i=1}^{m} \sum_{r=1}^{n_i} \phi_i(r) w_{ijr}^k \chi_{ijr} \Big)^{\frac{1}{k+1}} = \sum_{i=1}^{m} \sum_{r=1}^{n_i} \phi_i(r)^{\frac{1}{k+1}} w_{ijr}^{\frac{k}{k+1}} \chi_{ijr}$$

又 $\bar{C}_u$，$\bar{C}_p$ 和 k 为正常数，因此，最小化式（4.65）和式（4.66）等价于最小化下面表达式：

$$\sum_{i=1}^{m} \sum_{j=1}^{n} \sum_{r=1}^{n_i} v_j^{\frac{k}{k+1}} \phi_i(r)^{\frac{1}{k+1}} w_{ijr}^{\frac{k}{k+1}} \chi_{ijr} \qquad (4.67)$$

此表达式是独立于资源指派策略的，故给定集合 $(n_1, n_2, \cdots, n_i)$，问题 P4-3/P4-4 可以归结为下面的线性指派问题，并记作 LAP4-2。

LAP4-2 **Min** $\quad \sum\limits_{i=1}^{m} \sum\limits_{j=1}^{n} \sum\limits_{r=1}^{n_i} v_j^{\frac{k}{k+1}} \phi_i(r)^{\frac{1}{k+1}} w_{ijr}^{\frac{k}{k+1}} \chi_{ijr}$

s. t. $\quad \sum\limits_{i=1}^{m} \sum\limits_{r=1}^{n_i} \chi_{ijr} = 1, \quad j = 1, 2, \cdots, n$

$\qquad \sum\limits_{j=1}^{n} \chi_{ijr} = 1, \quad i = 1, 2, \cdots, m; r = 1, 2, \cdots, n_i$

$\qquad \chi_{ijr} \in \{0, 1\}, \quad i = 1, 2, \cdots, m; j = 1, 2, \cdots, n; r = 1, 2, \cdots, n_i$

基于上面的分析，最小化总调度成本问题 P4-3 和最小化总资源消费问题 P4-4 可以通过下面算法求解。

算法 4.4 平行机上最小化总调度成本/总资源消费成本算法：

（1）输入 m，$\bar{C}_u / \bar{C}_p$ 和 w_{ijr}，$i = 1, 2, \cdots, m; j = 1, 2, \cdots, n; r = 1, 2, \cdots, n$。

（2）对每一集合 $(n_1, n_2, \cdots, n_i)$，执行以下操作。

① 求解 LAP4-2，确定最优调度序列。

② 根据式（4.53）/式（4.54），给出资源 u_{ij}。

③ 由式（4.51），计算目标值。

（3）选择具有最小目标值的解。

定理 4.6 算法 4.4 求解总调度成本最小化问题 P4 – 3 和总资源消费成本最小化问题 P4 – 4 的时间复杂度为 $O(n^{m+2})$。

证明 算法正确性基于引理 4.9、引理 4.10 和以上的分析。其计算复杂度与算法 4.2 和算法 4.3 相同，为 $O(n^{m+2})$。

注记 4.1 事实上，从问题 P4 – 1 和问题 P4 – 2 的定义可以知道，它们实际上是互为反问题。上面的分析结果也表明，求解其中一个问题，则作为"副产品"同时解决了另一个问题。具体地说，假定最优解已经由算法 4.2 或算法 4.3 获得，并且对于相同的参数 u_{ij}，w_{ijr}，$i = 1, 2, \cdots, m$，$j, r = 1, 2, \cdots, n$，记相应的表达式为：

$$Z = \sum_{i=1}^{m} \sum_{j=1}^{n} \sum_{r=1}^{n_i} v_{ij}^{\frac{k}{k+1}} \phi_i(r)^{\frac{1}{k+1}} w_{ijr}^{\frac{k}{k+1}} \chi_{ijr}$$

$\bar{C}_u$ 和 $\bar{C}_p$ 分别为问题 P4 – 1 和问题 P4 – 2 的参数。根据式（4.35）和式（4.50），有：

$$F_1 = \frac{1}{\bar{C}_u^k} Z^{k+1} \text{ 和 } F_2 = \frac{1}{\bar{C}_p^{\frac{1}{k}}} Z^{\frac{k+1}{k}}$$

也就是，它们满足关系表达式如下：

$$F_1 \bar{C}_u^k = F_2^k \bar{C}_p = Z^{k+1} \tag{4.68}$$

若获得 F_1 和 F_2 中任一值，则根据式（4.68），另一个值也可以直接得到，类似于反问题所期望具有的性质。显然，这一关系在问题 P4 – 3 和问题 P4 – 4 的目标函数 F_3 和 F_4 之间也是成立的。

4.3.3 特殊情形：单机问题及优化算法

作为上一小节平行机问题的特殊情形，本小节讨论单机问题。考虑两个资源消费函数：式（4.21）和式（4.22）。对每一情形，将讨论一对互反问题。

4. 3. 3. 1 资源消费函数 $p_{jr} = \left(\dfrac{w_{jr}}{u_j}\right)^k$

以 w_{jr} 和 p_{jr} 分别记位置 r 处工件 J_j 的工作负荷和加工时间，u_j 为其资源消费量。那么，该工件加工时间为 $p_{jr} = \left(\dfrac{w_{jr}}{u_j}\right)^k$，总调度成本和资源消费成本分别为：

$$F_5 = \sum_{j=1}^{n} \sum_{r=1}^{n} \phi(r) \left(\frac{w_{jr}}{u_j}\right)^k, \quad F_6 = \sum_{j=1}^{n} v_j u_j$$

将调度成本最小化问题记作 P4 – 5，总资源消费成本最小化问题记作 P4 – 6。

在前面关于平行机问题分析的基础上，可以直接忽略机器有关的指标 i，得到有关的问题描述及相关的结论。定义 0 ~ 1 变量 χ_{jr}：若工件 J_j 安排在位置 r，则令 $\chi_{jr} = 1$；否则，令 $\chi_{jr} = 0$。于是，所考虑问题可归结为下面的 MINLP 问题。

P4 – 5/P4 – 6 **Min** $\quad F_5 = \displaystyle\sum_{j=1}^{n} \sum_{r=1}^{n} \phi(r) \left(\frac{w_{jr}}{u_j}\right)^k \chi_{jr} \quad / \quad F_6 = \sum_{j=1}^{n} v_j u_j$

$$\tag{4.69}$$

$$\text{s. t.} \quad \sum_{r=1}^{n} \chi_{jr} = 1, \quad j = 1,2,\cdots,n$$

$$\sum_{j=1}^{n} \chi_{jr} = 1, \quad r = 1,2,\cdots,n$$

$$\sum_{j=1}^{n} v_j u_j = \bar{C}_u \quad / \quad \sum_{j=1}^{n} \sum_{r=1}^{n} \phi(r) \left(\frac{w_{jr}}{u_j}\right)^k \chi_{jr} = \bar{C}_p$$

$$\chi_{jr} \in \{0,1\}, \quad j = 1,2,\cdots,n; r = 1,2,\cdots,n$$

$$u_j > 0 \quad j = 1,2,\cdots,n$$

下面的引理提供了给定工件划分和工件序列情况下的资源指派策略。

引理 4. 11 给定值 $\chi_{jr}, j = 1,2,\cdots,n; r = 1,2,\cdots,n$，问题 P4 – 5 中工

件 J_j 的最优资源指派为：

$$u_j = \frac{v_j^{-\frac{1}{k+1}} \left(\sum_{r=1}^{n} \phi(r) w_{jr}^k \chi_{jr} \right)^{\frac{1}{k+1}}}{\sum_{j=1}^{n} v_j^{\frac{k}{k+1}} \left(\sum_{r=1}^{n} \phi(r) w_{jr}^k \chi_{jr} \right)^{\frac{1}{k+1}}} \bar{C}_u, \quad j = 1, 2, \cdots, n \quad (4.70)$$

问题 P4 - 6 中工件 J_j 的最优资源指派为：

$$u_j = v_j^{-\frac{1}{k+1}} \left(\sum_{r=1}^{n} \phi(r) w_{jr}^k \chi_{jr} \right)^{\frac{1}{k+1}} \left[\sum_{j=1}^{n} v_j^{\frac{k}{k+1}} \left(\sum_{r=1}^{n} \phi(r) w_{jr}^k \chi_{jr} \right)^{\frac{1}{k+1}} \right]^{\frac{1}{k}} \bar{C}_p^{-\frac{1}{k}},$$

$$j = 1, 2, \cdots, n \quad (4.71)$$

证明 从引理 4.9 中的式（4.53）和式（4.54），省略指标 i 可以直接得到式（4.70）和式（4.71），结论得证。

由上述引理所得资源指派策略，可将目标函数 F_5 和 F_6 改写成工作负荷和变量 χ 的表达式。

引理 4.12 问题 P4 - 5 的总调度成本 F_5 具有如下表达式：

$$F_5 = \frac{1}{\bar{C}_u^k} \left[\sum_{j=1}^{n} v_j^{\frac{k}{k+1}} \left(\sum_{r=1}^{n} \phi(r) w_{jr}^k \chi_{jr} \right)^{\frac{1}{k+1}} \right]^{k+1} \quad (4.72)$$

问题 P4 - 6 的总调度成本 F_6 具有如下表达式：

$$F_6 = \frac{1}{\bar{C}_p^{\frac{1}{k}}} \left[\sum_{j=1}^{n} v_j^{\frac{k}{k+1}} \left(\sum_{r=1}^{n} \phi(r) w_{jr}^k \chi_{jr} \right)^{\frac{1}{k+1}} \right]^{\frac{1}{k}+1} \quad (4.73)$$

证明 从引理 4.10 中的式（4.65）和式（4.66）省略指标 i 可以直接得到式（4.72）和式（4.73），结论得证。

问题 P4 - 5/P4 - 6 可以归结为下面的线性指派问题 LAP4 - 3。

LAP4 - 3 **Min** $\sum_{j=1}^{n} \sum_{r=1}^{n} v_j^{\frac{k}{k+1}} \phi(r)^{\frac{1}{k+1}} w_{jr}^{\frac{k}{k+1}} \chi_{jr}$

s. t. $\sum_{r=1}^{n} \chi_{jr} = 1, \quad j = 1, 2, \cdots, n$

$\sum_{j=1}^{n} \chi_{jr} = 1, \quad r = 1, 2, \cdots, n$

$\chi_{jr} \in \{0, 1\}, \quad j = 1, 2, \cdots, n; r = 1, 2, \cdots, n$

基于上述分析，总调度成本最小化问题 P4 – 5 和总资源成本最小化问题 P4 – 6 可由下面算法 4.5 求解。

算法 4.5 单机上最小化总调度成本/总资源消费成本算法 I：

（1）输入 $\bar{C}_u / \bar{C}_p$ 和 w_{jr}，$j = 1, 2, \cdots, n; r = 1, 2, \cdots, n$。

（2）对每一集合 $(n_1, n_2, \cdots, n_i)$，执行以下操作。

① 求解 LAP4 – 3，确定最优调度序列。

② 根据式（4.70）/式（4.71），给出资源 u_j。

③ 由式（4.69），计算目标值 F_5 / F_6。

（3）选择具有最小目标值的解。

定理 4.7 算法 4.5 求解总调度成本问题 P4 – 5 和总资源消费问题 P4 – 6 的时间复杂度为 $O(n^3)$。

证明 在定理 4.5 或定理 4.6 中，取 $m = 1$ 即得结论。

接下来，考虑工件负荷 w_{jr} 具有变量可分离的形式：$w_{jr} = w_j w_r$。此时求解问题 LAP4 – 3 的复杂度为 $O(n \log n)$。因为 LAP4 – 3 的指派成本为：

$$c_{jr} = (v_j w_j)^{\frac{k}{k+1}} (\phi(r) w_r^k)^{\frac{1}{k+1}}, \quad j, r = 1, 2, \cdots, n$$

也具有变量可分离的形式。如果将工件按 $(v_j w_j)^{\frac{k}{k+1}}$（或 $v_j w_j$）从小到大排序，位置参量按 $(\phi(r) w_r^k)^{\frac{1}{k+1}}$（或 $\phi(r) w_r^k$）值从大到小顺序排列，那么 LAP4 – 3 的指派成本矩阵满足如下的 *Monge* 性质（Burkard et al., 1996）：对 $1 \leq i, j < n$，有：

$$c_{ij} + c_{i+1, j+1} \leq c_{i+1, j} + c_{i, j+1}$$

此时，最优解可以由西北角（north – west corner，NWC）规则获得，也就是对于所有 $j = r = 1, 2, \cdots, n$，取 $\chi_{jr} = 1$。于是有下面的结论：

推论 4.1 若问题 P4 – 5 和问题 P4 – 6 中 $w_{jr} = w_j w_r, j, r = 1, 2, \cdots, n$，那么算法 4.5 求解这两个问题的时间复杂度为 $O(n \log n)$。

证明 若 $w_{jr} = w_j w_r, j, r = 1, 2, \cdots, n$，步骤①中求解 LAP4 – 3 使用

NWC 规则，需要时间 $O(n\log n)$。注意在式（4.70）和式（4.71）中：

$$\sum_{r=1}^{n} \phi(r) w_{jr}^{k} \chi_{jr} = w_{j}^{k} \sum_{r=1}^{n} \phi(r) w_{r}^{k}$$

对所有工件 $\sum_{r=1}^{n} \phi(r) w_{r}^{k}$ 是个常数。于是，步骤②中的资源指派需要 $O(n)$ 时间。所以，总时间复杂度为 $O(n\log n)$，结论得证。

4.3.3.2 资源消费函数 $p_{j} = \left(\dfrac{w_{j}}{u_{j}}\right)^{k}$

作为前面所考虑问题结论的一个应用，本小节讨论最简单的凸资源消费函数，虽然它不包含位置参量 r。两个对应的问题分别记作 P4-7 和 P4-8，它们定义如下：

P4-7/P4-8 **Min** $F_{7} = \displaystyle\sum_{j=1}^{n} \sum_{r=1}^{n} \phi(r) \left(\frac{w_{j}}{u_{j}}\right)^{k} \chi_{jr}$ $/F_{8} = \displaystyle\sum_{j=1}^{n} v_{j} u_{j}$

$$(4.74)$$

$$\textbf{s. t.} \quad \sum_{r=1}^{n} \chi_{jr} = 1, \quad j = 1, 2, \cdots, n$$

$$\sum_{j=1}^{n} \chi_{jr} = 1, \quad r = 1, 2, \cdots, n$$

$$\sum_{j=1}^{n} v_{j} u_{j} = \overline{C}_{u} \quad / \quad \sum_{j=1}^{n} \sum_{r=1}^{n} \phi(r) \left(\frac{w_{j}}{u_{j}}\right)^{k} \chi_{jr} = \overline{C}_{p}$$

$$\chi_{jr} \in \{0, 1\}, \quad j = 1, 2, \cdots, n; r = 1, 2, \cdots, n$$

$$u_{j} > 0 \quad j = 1, 2, \cdots, n$$

下面的引理给出了给定工件划分和工件序列时的资源指派策略。

引理 4.13 给定变量值 χ_{jr}，$j = 1, 2, \cdots, n$；$r = 1, 2, \cdots, n$，问题 P4-7 中工件 J_{j} 的最优消费资源为：

$$u_{j} = \frac{v_{j}^{-\frac{1}{k+1}} \left(\sum_{r=1}^{n} \phi(r) w_{j}^{k} \chi_{jr}\right)^{\frac{1}{k+1}}}{\sum_{j=1}^{n} v_{j}^{\frac{k}{k+1}} \left(\sum_{r=1}^{n} \phi(r) w_{j}^{k} \chi_{jr}\right)^{\frac{1}{k+1}}} \overline{C}_{u}, \quad j = 1, 2, \cdots, n \quad (4.75)$$

问题 P4 – 8 中工件 J_j 的最优消费资源为:

$$u_j = v_j^{-\frac{1}{k+1}} \left(\sum_{r=1}^{n} \phi(r) w_j^k \chi_{jr} \right)^{\frac{1}{k+1}} \left[\sum_{j=1}^{n} v_j^{\frac{k}{k+1}} \left(\sum_{r=1}^{n} \phi(r) w_j^k \chi_{jr} \right)^{\frac{1}{k+1}} \right]^{\frac{1}{k}} \bar{C}_p^{-\frac{1}{k}},$$
$$j = 1,2,\cdots,n \tag{4.76}$$

证明　结论可直接由引理 4.11 得出。

使用此引理给出的给定序列时工件的最优资源消费策略,可将所考虑问题的目标函数 F_7 和 F_8 改写为工作负荷和变量 χ 的函数。

引理 4.14　总调度成本最小化问题 P4 – 7 的目标函数 F_7 具有表达式:

$$F_7 = \frac{1}{\bar{C}_u^k} \left[\sum_{j=1}^{n} v_j^{\frac{k}{k+1}} \left(\sum_{r=1}^{n} \phi(r) w_j^k \chi_{jr} \right)^{\frac{1}{k+1}} \right]^{k+1} \tag{4.77}$$

总资源消费成本最小化问题 P4 – 8 的目标函数 F_8 具有表达式:

$$F_8 = \frac{1}{\bar{C}_p^{\frac{1}{k}}} \left[\sum_{j=1}^{n} v_j^{\frac{k}{k+1}} \left(\sum_{r=1}^{n} \phi(r) w_j^k \chi_{jr} \right)^{\frac{1}{k+1}} \right]^{\frac{1}{k}+1} \tag{4.78}$$

证明　结论可直接由引理 4.12 得出。

问题 P4 – 7/P4 – 8 可归结为下面的线性指派问题 LAP4 – 4。

LAP4 – 4　**Min**　$\displaystyle\sum_{j=1}^{n} \sum_{r=1}^{n} (v_j w_j)^{\frac{k}{k+1}} \phi(r)^{\frac{1}{k+1}} \chi_{jr}$

　　　　　s. t.　$\displaystyle\sum_{r=1}^{n_i} \chi_{jr} = 1, \quad j = 1,2,\cdots,n$

　　　　　　　　$\displaystyle\sum_{j=1}^{n} \chi_{jr} = 1, \quad r = 1,2,\cdots,n$

　　　　　　　　$\chi_{jr} \in \{0,1\}, \quad j = 1,2,\cdots,n; r = 1,2,\cdots,n$

注意到,LAP4 – 4 的指派成本是可分的。所以,LAP4 – 4 可以由 NWC 规则求解。根据上面的分析,可得调度成本最小化问题 P4 – 7 和资源消费成本最小化问题 P4 – 8 的求解算法如下所示。

算法 4.6　单机上最小化总调度成本/总资源消费成本算法 II:

(1) 输入 $\bar{C}_u / \bar{C}_p$ 和 $w_j, j = 1,2,\cdots,n$。

(2) 执行以下操作。

① 使用 NWC 规则，求解 LAP4 - 4，确定最优调度序列。

② 根据式（4.75）/式（4.76），给出资源 u_j。

③ 由式（4.74），计算目标值 F_7/F_8。

定理 4.8 算法 4.6 求解总调度成本问题 P4 - 7 和总资源消费问题 P4 - 8 的时间复杂度为 $O(n\log n)$。

证明 步骤①中，NWC 规则的排序程序需要时间 $O(n\log n)$；其他步骤需要线性时间。因此，算法所需总时间为 $O(n\log n)$，证毕。

4.3.4 主要结论归纳

在问题 P4 - 1 和问题 P4 - 2 中，每一个工件具有依赖于机器和位置的工作负荷，且需要消费依赖于机器的资源。如果工件 J_j 的资源消费独立于机器，即 $u_{ij} = u_j$，相应的 $v_{ij} = v_j$，那么，问题 P4 - 1 和问题 P4 - 2 分别简化为问题 P4 - 3 和问题 P4 - 4。如果忽略机器指标 i，那么，平行机问题 P4 - 3 和问题 P4 - 4 简化为单机问题 P4 - 5 和问题 P4 - 6。当资源消费函数省略位置指标 r，那么，问题 P4 - 5 和问题 P4 - 6 进一步简化为问题 P4 - 7 和问题 P4 - 8。在每一个问题对应的 LP 模型上，先获得最优的资源指派策略，之后将目标函数改写成一个新的表达式，从而将所考虑的问题转化为线性指派问题，因此也就可以通过多项式时间算法求解。主要结果总结在表 4.2 中。

表 4.2 第 4.3 节所得结果汇总

机器环境	资源消费函数	问题	复杂度	参见
平行机	$p_{ijr}(u_{ij}) = \left(\dfrac{w_{ijr}}{u_{ij}}\right)^k$ $p_{ijr}(u_j) = \left(\dfrac{w_{ijr}}{u_j}\right)^k$	$\min F_1$ s.t. $F_2 \leqslant \overline{C}_u$	$O(n^{m+2})$	定理 4.4
		$\min F_2$ s.t. $F_1 \leqslant \overline{C}_p$	$O(n^{m+2})$	定理 4.5
		$\min F_3/F_4$ s.t. $F_4 \leqslant \overline{C}_u/F_3 \leqslant \overline{C}_p$	$O(n^{m+2})$	定理 4.6

机器环境	资源消费函数	问题	复杂度	参见
单机	$p_{jr}(u_j) = \left(\dfrac{w_{jr}}{u_j}\right)^k$ $p_{jr}(u_j) = \left(\dfrac{w_j w_r}{u_j}\right)^k$ $p_j(u_j) = \left(\dfrac{w_j}{u_j}\right)^k$	$\min F_5/F_6 \quad$ s. t. $\quad F_6 \leqslant \overline{C}_u/F_5 \leqslant \overline{C}_p$ $\min F_5/F_6 \quad$ s. t. $\quad F_6 \leqslant \overline{C}_u/F_5 \leqslant \overline{C}_p$ $\min F_7/F_8 \quad$ s. t. $\quad F_8 \leqslant \overline{C}_u/F_7 \leqslant \overline{C}_p$	$O(n^3)$ $O(n\log n)$ $O(n\log n)$	定理4.7 推论4.1 定理4.8

具体地，若令 $v_{ij}=1, i=1,2,\cdots,m; j=1,2,\cdots,n_i$，则 $\sum_{i=1}^{m}\sum_{j=1}^{n_i} v_{ij}u_{ij}$ 表示总资源消费量 $\sum_{j=1}^{n} u_j$。注意到，总调度成本中每个工件的加工时间权重 $\phi_i(r)$ 是依赖于机器和加工位置的。若对所有工件取 $\phi_i(r)=1$，调度成本就是各机器的时间表长/负荷之和。若机器 M_i 上位置 r 处工件权重取 $\phi_i(r) = n_i - r + 1$，那么总调度成本代表的就是总流水时间。如机器 M_i 上位置 r 处工件权重取 $\phi_i(r) = (r-1)(n_i - r + 1)$，那么总调度成本就是各机器上工件总完全偏差。因此，大量文献研究的问题都可以归结为八类问题中的某些特殊类型。

例如，对 $i=1,2,\cdots,m; j=1,2,\cdots; r=1,2,\cdots,n_i$，令 $u_{ij}=u_j, v_{ij}=1$ 和 $\phi_i(r)=n_i-r+1$，奥龙（Oron, 2016）研究的平行机上总流水时间最小化问题，就归结为问题 P4-1 或问题 P4-3 的特殊情形。而单机上的流水时间和时间表长问题，即是问题 P4-5 的特殊情形：分别取 $\phi(r)=1$，$v_j=1, \phi(r)=n-r+1, v_j=1$。他们所考虑的时间表长与总流水时间加权和最小化问题，即是问题 P4-5 中取 $\phi(r)=(1-\alpha)(n-r)+1, v_j=1$，而 α 和 $1-\alpha$ 分别为时间表长和总流水时间的权重。取资源消费函数为 $p_j = \left(\dfrac{w_j}{u_j}\right)^k$ 或 $p_{jr} = \left(\dfrac{w_j r^a}{u_j}\right)^k$，并根据可事先确定下来的两个与工期窗口有关的位置参数 h 和 l，取相应的权重 $\phi(r)$，那么刘等（Liu et al., 2016）讨论的 4 个涉及工期窗指派问题，可以归结为问题 P4-8 或问题 P4-6 的特殊情形。

卡斯皮和沙布泰（Kaspi & Shabtay，2004）考虑的具有凸可控加工时间和相同释放时间的时间表长最小化问题及其反问题，归结为问题 P4 - 8 的特殊情形。

4.4 本章小结

本章讨论了含可控加工时间的平行机问题。

首先，分析了带可压缩加工时间的一个平行机问题。通过消费一定量的资源，工件加工时间可以减小甚至为零，但是总的压缩量是有限的。分析得到最优的压缩方式为按机器负荷从大到小的方式压缩直至消耗完所有的可用压缩资源。介绍了两阶段启发式方法即 LS - 压缩算法和 LNPT - 压缩算法，用来获得问题的近似解；并建立了评估算法性能的近似比，分别为 $\min\{\rho_1,\rho_2\}$ 和 $\min\{\rho_1,\rho_3\}$。

其次，本章考虑的是带凸资源依赖加工时间的调度问题，其中工件的工作负荷是依赖于加工位置的。研究了平行机和单机两种机器环境下的成本最小化问题，分别讨论了总调度成本和总资源消费成本两个目标函数。根据不同的机器环境、资源消费函数和目标函数，将问题分为了 8 种不同的类型讨论：问题 P4 - 1 ~ P4 - 4 研究的是平行机问题；问题 P4 - 5 ~ P4 - 8 关注平行机问题的特殊情形即单机问题。

第5章

含有机器维护且维护时间可控的
生产调度问题

5.1

引言

　　在实际环境中，完成某项工作需要诸如资金、人力、厂房、能源等额外资源。该工作消耗资源越多，往往需要的处理时间就越短。因此，机器维护工作不仅是退化的，还是可控的（依赖于资源的）。资源指派这一想法来源于项目管理中广泛研究的时间—成本均衡模型及含可控加工时间的调度问题。

　　维护活动是可控的，这一动机是很自然的，因为增加或减少维护活动需要消耗的资源量，维护操作所需要的时长将缩短或变长。张丽华和涂奉生（2004）考虑过每批工件加工完之后需要一个维护的单机调度问题，而维护时间超过一个给定值时需要一定的附加成本。在总附加成本不超过一给定值的约束下，最小化总完工时间之和。

据我们所知，还没有文献关注维护时间是依赖于资源的可控性。因此，本章将考虑含效率调整活动且维护时长不仅退化且可控的单机调度问题。事实上，本书的第 6 章在考虑可控时间窗的调度问题时也综合了这种可控且退化的效率调整维护活动。

5.2 问题描述

假定 n 个不同的工件 $J_1, \cdots, J_n$ 在零时刻释放，需要安排在一台单机上加工。机器在任意时刻只能加工一个工件。调度者可以安排至多一次维护活动来提高生产效率，维护时机器不能加工工件。假定工件 J_j 的正常加工时间即安排在维护活动前加工时需要的加工时间为 p_j；若安排在维护之后加工，则加工时间为 $\gamma_j p_j (0 < \gamma_j \leqslant 1)$，$j = 1, \cdots, n$。$\gamma_j$ 是工件 J_j 的调整率。工件 J_j 的完工时间记为 C_j，$j = 1, \cdots, n$。给定一个工件序列，以 $[j]$ 表示第 j 个位置，于是第 j 个位置工件的加工时间、完工时间和调整率可相应的分别记为 $p_{[j]}$、$C_{[j]}$ 和 $\gamma_{[j]}$。

现规定，本问题中维护时长不仅是退化的且是依赖于资源的。以 s_{rm} 和 t 分别记为维护的开始时间和维护时长，并设维护时长是线性退化的。维护活动消费的额外资源量记作 $u \in [0, u_{max}]$，其中 u_{max} 是可使用的最大资源使用量。那么，定义维护时间为：

$$t(s_{rm}, u) = t_0 + \delta s_{rm} - \tau(u)$$

其中，t_0 和 δ 为正常数，$\tau(u)$ 是维护的压缩时间，它为一般资源消费函数。正常情况下，在资源指派理论中 $\tau(u)$ 是非减连续函数，且满足 $\tau(0) = 0$ 和 $0 \leq \tau(u) \leq \tau(u_{\max}) \leq \bar{\tau} < t_0$，其中 $\bar{\tau}$ 是维护的最大可能压缩时间。

另外，假设使用 u 单位的额外资源，需要的成本 $g(u)$ 是连续增函数，它满足：对任一常数 L，$g(u) - L\tau(u)$ 存在唯一的最小值点，并记作 $argmin\{g(u) - L\tau(u) | u \in [0, u_{\max}]\}$。显然，$g(0) = 0$。本节我们考虑如下的决策：（1）工件序列 σ；（2）维护活动：是否及什么时候安排维护；（3）给维护活动指派资源量。目标是最小化总成本：

$$K(\sigma, rm, u) = \alpha f(\sigma, t) + g(u)$$

其中，$f(\sigma, t)$ 是经典调度理论中的某个度量指标，$\alpha > 0$ 为相关的单位惩罚。主要关注三个正则的指标：时间表长 $C_{\max}$、流水时间 $\sum C_j$ 和最大延误 $T_{\max}$，令它们的单位成本分别为 α_1、α_2 和 α_3。此外，还考虑工期指派问题中的提前、延误指标，以 α_4、α_5 和 α_6 分别记提前、延误和工期的单位成本。使用传统的表示调度问题的三元域（Graham et al.，1979）方法，将考虑的问题分别记为：

（P5-1） $1 | dcrm, (p_j, \gamma_j p_j) | \alpha_1 C_{\max} + g(u)$

（P5-2） $1 | dcrm, (p_j, \gamma_j p_j) | \alpha_2 \sum C_j + g(u)$

（P5-3） $1 | dcrm, (p_j, \gamma_j p_j) | \alpha_3 T_{\max} + g(u)$

（P5-4） $1 | dcrm, (p_j, \gamma_j p_j) | \sum (\alpha_4 E_j + \alpha_5 T_j + \alpha_6 d) + g(u)$

其中，$dcrm$ 表示机器含退化且可控的维护活动，$(p_j, \gamma_j p_j)$ 表示一般和缩短了的工件加工时间。

本模型是推广了李等（Lee et al.，2001）和莫舍伊奥夫等（Mosheiov et al.，2003）中的问题：如果令 $u \equiv 0$，则模型退化为莫舍伊奥夫等（Mosheiov et al.，2003）中的模型；如令 $u \equiv 0$ 和 $\delta \equiv 0$，则退化为李等

（Lee et al.，2001）中的模型。正如李等（Lee et al.，2001）和莫舍伊奥夫等（Mosheiov et al.，2003）所述，对所考虑的度量指标，rm 活动（如果执行的话）应安排在某个工件加工之前。在下文中，若它安排在工件 $J_{[k]}$ 之前，即 $s_{rm} = C_{[k-1]}, k \in \{1, \cdots, n+1\}$，则称维护活动是在位置 k。$k = 1$ 表示机器在加工工件之前安排 rm 活动，代表机器初始状态是低效率运转这一特殊情形；而 $k = n + 1$ 表示整个调度过程中都不执行 rm 活动。

5.3

时间表长问题

给定工件序列 σ 和 rm 活动的位置 k，总成本为：

$$K = \alpha_1 C_{[n]} + g(u)$$

$$= \alpha_1 \left(t_0 - \tau(u) + \sum_{j=1}^{n} \gamma_{[j]} p_{[j]} \right) + g(u), \quad k = 1$$

$$K = \alpha_1 C_{[n]} + g(u)$$

$$= \alpha_1 \left(\sum_{j=1}^{k-1} p_{[j]} + t_0 + \delta \sum_{j=1}^{k-1} p_{[j]} - \tau(u) + \sum_{j=k}^{n} \gamma_{[j]} p_{[j]} \right) + g(u),$$

$$k = 2, \cdots, n$$

和

$$K = \alpha_1 C_{[n]} = \alpha_1 \sum_{j=1}^{n} p_{[j]}, \quad k = n + 1$$

我们知道，情形 $k = 1$ 对情形 $k = 2, \cdots, n$ 是占优的。于是，只需考虑两种情形：要么在零时刻执行 rm 活动（即 $k = 1$）；或始终不执行 rm 活动（即 $k = n + 1$）。以 u^* 表示式子 $f(u)$，$u \in [0, u_{\max}]$ 的最小值点并记为 $u^* = arg\min\{f(u) \mid u \in [0, u_{\max}]\}$。那么，对时间表长问题 P5 - 1 有下面的结论。

定理 5.1 若 $\min\{\alpha_1 t_0 + g(u) - \alpha_1 \tau(u) \mid u \in [0, u_{\max}]\} \geqslant \alpha_1 \sum_{j=1}^{n} (1 - \gamma_j)p_j$，则不安排 rm 活动，工件按任意序排列加工都是最优的。否则，零时刻安排 rm 活动并指派资源量 $u^* = arg\min\{\alpha_1 t_0 + g(u) - \alpha_1 \tau(u) \mid u \in [0, u_{\max}]\}$，之后工件按任意序加工即可。

证明 由上分析显然可得，证略。

5.4 流水时间问题及优化算法

对于流水时间问题，李等（Lee et al. , 2001）和莫舍伊奥夫等（Mosheiov et al. , 2003）分别讨论了维护时长固定和维护时长退化的情形，提供了多项式时间算法。

在此考虑 rm 活动不仅退化而且可控这种更一般的情况。正如前面所述，给定工件序列 σ，需要考虑如下的 $n+1$ 种情形：在两个工件之间执行 rm 活动($k = 2, \cdots, n$)；或在零时刻执行 rm 活动（$k = 1$）；或不执行 rm 活动（$k = n+1$）。对应的总成本可以分别表示为：

$$K(\sigma, [k], u) = \alpha_2 \Big[\sum_{j=1}^{k-1} (n-j+1)p_{[j]} + (n-k+1)(t_0 + \delta \sum_{j=1}^{k-1} p_{[j]} - \tau(u))$$
$$+ \sum_{j=k}^{n} (n-j+1)\gamma_{[j]}p_{[j]} \Big] + g(u), \quad k = 2, \cdots, n$$

$$K(\sigma, [1], u) = \alpha_2 n[t_0 - \tau(u)] + \alpha_2 \sum_{j=1}^{n} (n-j+1)\gamma_{[j]}p_{[j]} + g(u)$$

$$K(\sigma, [n+1], 0) = \alpha_2 \sum_{j=1}^{n} (n-j+1)p_{[j]}$$

将工件按 p_j 的非减序，也就是 SPT（shortest processing time first）规

则排列, 可以最小化 $K(\sigma,[n+1],0)$。我们注意到, $K(\sigma,[1],u)$ 包含两个不相关的项: $\alpha_2 \sum\limits_{j=1}^{n} (n-j+1)\gamma_{[j]}p_{[j]}$ 和 $\alpha_2 n[t_0 - \tau(u)] + g(u)$。按加工时长 $\gamma_j p_j$ 的 SPT 序排列, 可最小化序列依赖的项 $\alpha_2 \sum\limits_{j=1}^{n} (n-j+1)\gamma_{[j]}p_{[j]}$。最小化资源依赖的项 $\alpha_2 n[t_0 - \tau(u)] + g(u)$, 需要指派资源量 $u^* = argmin\{\alpha_2 n[t_0 - \tau(u)] + g(u) \mid u \in [0, u_{max}]\}$ 给 rm 活动。

现分析 rm 活动安排在两工件之间的情形。为简单起见, 定义为:

$$K_1(\sigma,[k]) = \sum_{j=1}^{k-1} [(n-j+1) + \delta(n-k+1)]p_{[j]}$$
$$+ \sum_{j=k}^{n} (n-j+1)\gamma_{[j]}p_{[j]} \qquad (5.1)$$

和

$$K_2([k],u) = g(u) - \alpha_2(n-k+1)\tau(u) \qquad (5.2)$$

于是:

$$K(\sigma,[k],u) = \alpha_2 K_1(\sigma,[k]) + K_2([k],u) + \alpha_2(n-k+1)t_0$$

对给定的 k, 因为 $\alpha_2(n-k+1)t_0$ 是常数, 最小化 $K(\sigma,[k],u)$ 等价于分别最小化 $K_1(\sigma,[k])$ 和 $K_2([k],u)$。最小化 $K_1(\sigma,[k])$ 可转化为一个指派问题。以 ω_{ij} 表示将工件 J_i 指派给位置 j 的权重:

$$\omega_{ij} = \begin{cases} [(n-j+1) + \delta(n-k+1)]p_i & j \leq k-1 \\ (n-j+1)\gamma_i p_i & j \geq k \end{cases} \qquad (5.3)$$

指派问题可以描述为:

$$\text{Min} \quad K_1(\sigma,[k]) = \sum_{i=1}^{n} \sum_{j=1}^{n} \omega_{ij}\chi_{ij} \qquad (5.4)$$

$$\text{s. t.} \quad \sum_{i=1}^{n} \chi_{ij} = 1, \quad j = 1,\cdots,n$$

$$\sum_{j=1}^{n} \chi_{ij} = 1, \quad i = 1,\cdots,n$$

$$\chi_{ij} \in \{0,1\}, \quad 1 \leq i,j \leq n$$

如工件 J_i 指派给位置 j，令 $\chi_{ij}=1$；否则，令 $\chi_{ij}=0$。对于给定的 k，求解指派问题可以获得最优序列，并通过式（5.1）可得 $K_1(\sigma,[k])$ 的最小值。而最小化 $K_2([k],u)$ 可以归结为函数最小值问题。对于给定位置 k 的 rm 活动，指派资源量 $u^* = argmin\{g(u) - \alpha_2(n-k+1)\tau(u) \mid u \in [0, u_{max}]\}$ 单位可得 $K_2([k],u)$ 最小值。于是，求解流水时间问题 P5-2 的优化算法可叙述如下：

定理 5.2 算法 5.1 求解流水时间问题 $1 \mid dcrm, (p_j, \gamma_j p_j) \mid \alpha_2 \sum C_j + g(u)$ 的时间复杂度为 $O(n^4)$。

证明 由上面的分析可知算法 5.1 的正确性。步骤（2）中，排序步骤需要 $O(n \log n)$ 时间。步骤（3）中对于每个 k，指派问题可由匈牙利算法在 $O(n^3)$ 时间内求解。步骤（3）需要执行 $(n-1)$ 次，于是，总的时间复杂度为 $O(n^4)$。

算法 5.1 流水时间问题的求解：

（1）令 $k=2$，$k^* = n+1$，$K = \infty$，$u^* = 0$，σ^* 为任一序列。

（2）安排 rm 活动在零时刻（即 $k=1$），并将工件按 $\gamma_j p_j$ 的 SPT 序排列，得 $K(\sigma,[1],u)$ 最小值；不安排 rm 活动，将工件按 p_j 的 SPT 序排列，得 $K(\sigma,[n+1],0)$ 最小值。若 $K(\sigma,[1],u) < K(\sigma,[n+1],0)$，则令 $k^* = 1, K = K(\sigma,[1],u), u^* = argmin\{\alpha_2 n(t_0 - \tau(u)) + g(u) \mid u \in [0, u_{max}]\}$，并记录 $\gamma_j p_j$ 的 SPT 序为 σ^*；否则，令 $K = K(\sigma,[n+1],0)$，并记 p_j 的 SPT 序为 σ^*。

（3）给定 rm 活动的位置 k，求解由式（5.3）定义权重 ω_{ij} 的指派问题（5.4）。令最优值为 K_1 并记录对应的序列 σ_k。最小化式（5.2）中 $K_2([k],u)$，得 K_2 最小值，记 $u_k = argmin\{g(u) - \alpha_2(n-k+1)\tau(u) \mid u \in [0, u_{max}]\}$。若 $K > \alpha_2 K_1 + K_2 + \alpha_2(n-k+1)t_0$，则令 $K = \alpha_2 K_1 + K_2 + \alpha_2(n-k+1)t_0$，并更新 σ^* 为 σ_k，记录 $u^* = u_k$。

（4）$k = k+1$。若 $k > n$，执行步骤（5）。否则，执行步骤（3）。

（5）输出最优解：工件序列 σ^*、维护活动位置 k^* 和对应资源指派量 u^*。

注记 5.1　李等（Lee et al.，2001）讨论了这样一种特殊情形：工件加工时间和它的调整率是一致的，即对任意 i 和 j，$\gamma_i p_i \leqslant \gamma_j p_j$ 隐含着 $p_i < p_j$。一致性条件意味着：加工时间较短的工作，rm 活动之后也是较短的，这是实际生产中最常见的情况。对于给定的维护活动位置 k，他们给出了动态规划算法替代求解指派问题，所需的时间是 $O(n^2)$ 而不是 $O(n^3)$。因此，所考虑问题可在 $O(n^3)$ 复杂度内求解。因为在本模型中最小化 $K_1(\sigma, [k])$ 是与 $K_2([k], u)$ 无关的，所以，容易知道：尽管维护时长为退化且可控的，对于这样一种特殊情况，也是可以使用类似的方式最小化 $K_1(\sigma, [k])$，并可以将时间复杂度提高到 $O(n^3)$。

5.5

最大延误问题及优化算法

本问题中，每一个工件 J_j 都有一个提交工期 $d_j \geqslant 0$，而工件序列的度量成本为最大的延误 $T_{\max} = \max\{T_1, \cdots, T_n\}$，其中 $T_j = \max\{0, C_j - d_j\}$。上面已经得出结论，$rm$ 活动应该安排在某个工件加工之前，或者始终不进行 rm 活动。另外，对于经典的最大延误调度问题 $1 \| T_{\max}$，EDD 规则（earliest due-date first）可以获得最优解。事实上，下面的分析显示，对于带退化且资源依赖的维护活动的最大延误问题（P5-3），EDD 规则仍然是最优规则。

定理 5.3　对于 $1 \mid dcrm, (p_j, \gamma_j p_j) \mid \alpha_3 T_{\max} + g(u)$ 问题，存在工件按 EDD 规则排列的一个最优调度。

证明 对于 $1 \mid dcrm, (p_j, \gamma_j p_j) \mid \alpha_3 T_{\max} + g(u)$ 问题，由标准的工件相邻对换方法，可以得到结论：在最优调度中，之前（之后）的工件都分别是 EDD 序。可以证明，如果工件 J_i 是 rm 活动之前的最后一个工件，而工件 J_j 是 rm 活动之后的第一个工件，那么这两个工件也是 EDD 序的。

假设工件序列 σ 中工件 J_i 和 J_j 分别为安排在紧挨 rm 活动之前和之后的工件，且 $d_i > d_j$。以 s 记工件 J_i 在 σ 中的开始时间，u 记 rm 活动的资源消费量。那么，rm 活动的时长是 $t(s + p_i, u) = t_0 + \delta(s + p_i) - \tau(u)$，且：

$$T_i(\sigma) = \max\{0, C_i - d_i\} = \max\{0, s + p_i - d_i\}$$

和

$$T_j(\sigma) = \max\{0, C_j - d_j\}$$
$$= \max\{0, s + p_i + t(s + p_i, u) + \gamma_j p_j - d_j\}$$

在序列 σ 中，只将工件 J_i 挪到紧接着工件 J_j 之后，得到的新序列记作 σ'。那么，在序列 σ' 中，rm 活动的时长变为 $t(s, u) = t_0 + \delta s - \tau(u)$。并有：

$$T_j(\sigma') = \max\{0, C_j' - d_j\}$$
$$= \max\{0, s + t(s, u) + \gamma_j p_j - d_j\}$$

和

$$T_i(\sigma') = \max\{0, C_i' - d_i\}$$
$$= \max\{0, s + t(s, u) + \gamma_j p_j + \gamma_i p_i - d_i\}$$

因为 $p_i \geq \gamma_i p_i, t(s + p_i, u) \geq t(s, u)$ 和 $d_j < d_i$，易知，$T_j(\sigma') < T_j(\sigma)$ 和 $T_i(\sigma') < T_j(\sigma)$。而且对所有 $l \neq i, j$，有 $T_l(\sigma') \leq T_l(\sigma)$。于是序列 σ' 的最大延误不大于序列 σ 的最大延误，那么：

$$K(\sigma') = \alpha_3 T_{\max}(\sigma') + g(u) \leq \alpha_3 T_{\max}(\sigma) + g(u) = K(\sigma)$$

重复上面的过程，可以得到结论：存在工件序列符合 EDD 规则的最优调度。

根据定理 5.3，将工件按 EDD 规则排列，并且调度 rm 活动在位置 $k=1,\cdots,n+1$，可得一个最优调度。但是，rm 活动的最优资源消费量 u 还是未知的，因此，维护时长的压缩量 $\tau(u)$ 是未知的。当不执行 rm 活动($k=n+1$)时，由工件 EDD 序易得最大延误［记作 $T_{\max}(n+1)$］。若 $T_{\max}(n+1)=0$，则这个解就是最优的，就不需要考虑其他情形了。所以，下面总假定 $T_{\max}(n+1)>0$。

下面对每一个 $k=1,\cdots,n$，考虑资源指派问题。我们注意到，当 rm 活动安排在位置 $[k]$($1\leqslant k<n+1$)且不消费额外的资源时，维护时长：

$$t(s_{rm},0) = t_0 + \delta\sum_{j=1}^{k-1} p_{[j]}$$

是个固定常数。维护之前和之后工件的最大延误分别记作 $T_{\max}^{(1)}$ 和 $T_{\max}^{(2)}$，那么：

$$T_{\max}^{(1)} = \max\left\{T_{[1]},\cdots,T_{[k-1]}\right\}$$

$$T_{\max}^{(2)} = \max\left\{T_{[k]},\cdots,T_{[n]}\right\}$$

$$T_{\max} = \max\left\{T_{\max}^{(1)},T_{\max}^{(2)}\right\}$$

为简单起见，当 rm 活动位置为 $k=1$ 时，令 $\sum_{j=1}^{k-1} p_{[j]} = 0$ 和 $T_{\max}^{(1)}=0$。需要注意的是，通过消费额外资源来减少维护时长，只会影响到 $T_{\max}^{(2)}$，而不会影响 $T_{\max}^{(1)}$。若 $T_{\max}=T_{\max}^{(1)}\geqslant T_{\max}^{(2)}$，维护时长的压缩不影响最大延误的值，此时应取 $u=0$。另外，若 $T_{\max}=T_{\max}^{(2)}>T_{\max}^{(1)}$，增加资源压缩维护时长能使 $T_{\max}$ 减少的最大量为 $\min\left\{\tau(u),T_{\max}^{(2)}-T_{\max}^{(1)}\right\}$。让 rm 活动消费 u($0\leqslant u\leqslant u_{\max}$)个单位资源，需要增加成本 $g(u)$，将使 $T_{\max}^{(2)}$ 减小量 $\tau(u)$，节约成本 $\alpha_3\min\left\{\tau(u),T_{\max}^{(2)}-T_{\max}^{(1)}\right\}$。因此，如果 $\tau(u_{\max})\leqslant T_{\max}^{(2)}-T_{\max}^{(1)}$，应给 rm 活动指派 $argmin\left\{g(u)-\alpha_3\tau(u)\mid u\in[0,u_{\max}]\right\}$ 单位的额外资源；否则，应指派 $argmin\left\{g(u)-\alpha_3\tau(u)\mid u\in[0,\bar{u}]\right\}$ 单位资源，其中 $\bar{u}$ 是需要考虑的最大资源指派量，即 $\tau(\bar{u})=T_{\max}^{(2)}-T_{\max}^{(1)}$。

综上所述，求解最大延误问题（P5-3）的算法可叙述如下：

算法 5.2 最大延误问题的求解：

（1）置 $k=n$，$k^*=n+1$，$K=\infty$，$T=\infty$，$u^*=u=0$。

（2）将工件按工期的增序排列：$d_{[1]}\leqslant d_{[2]}\leqslant\cdots\leqslant d_{[n]}$。

（3）计算最大延误，记作 T。令 $K=\alpha_3 T$，若 $T=0$，转入步骤（6）。

（4）给定 rm 活动的位置 k，计算 $T_{\max}^{(1)}=\max\{T_{[1]},\cdots,T_{[k-1]}\}$ 和 $T_{\max}^{(2)}=\max\{T_{[k]},\cdots,T_{[n]}\}$。由上面讨论结果获得最优资源消费量 u 和最大延误 T。若 $K>\alpha_3 T+g(u)$，令 $K=\alpha_3 T+g(u)$，$k^*=k$，$u^*=u$。

（5）令 $k=k-1$。若 $k>0$，转入步骤（4）。

（6）输出最优解：最小值 K，资源消费量 u^*，rm 活动位置 k^*。

定理 5.4 算法 5.2 求解 $1\,|\,dcrm,(p_j,\gamma_j p_j)\,|\,\alpha_3 T_{\max}+g(u)$ 问题的时间复杂度为 $O(n^2)$。

证明 易知，步骤（2）需要时间 $O(n\log n)$，步骤（3）需要 $O(n)$ 时间。对每一个给定位置 l，步骤（4）需要 $O(n)$ 时间，步骤（4）需要执行 n 次。因此，总的时间复杂度为 $O(n^2)$，证毕。

5.6
工期指派问题及优化算法

在现代制造业中，随着准时制系统和零库存理念的逐步采纳，满足工期在生产调度领域已经是一个重要的目标。最早 JIT 调度文献之一是卡内特（Kanet，1981）的研究，他提供了求解带共同工期的提前延误问题的多项式时间算法。潘沃克等（Panwalkar et al.，1982）以将工期惩罚纳入目标函数的形式推广了卡内特的结果。程和古普塔（Cheng &

Gupta，1989）提供了涉及工期作为决策变量的调度问题文献综述。莫舍伊奥夫和潘沃克（Mosheiov & Oron，2006）讨论了带可选维护活动的经典工期指派问题，莫舍伊奥夫和西德尼（Mosheiov & Sidney，2010）进一步考虑了退化的维护活动对调度决策的影响。本节将这个问题进一步拓展至维护活动是退化且资源依赖的情形。我们易知，关于工期指派问题，潘沃克等（Panwalkar et al.，1982）得到的有关最优解的如下性质，对本节讨论的问题仍然成立。

引理 5.1 对 $1 \mid dcrm,(p_j,\gamma_j p_j) \mid \sum (\alpha_4 E_j + \alpha_5 T_j + \alpha_6 d) + g(u)$ 问题，存在满足如下性质的最优解：

（1）机器从零时刻开始，除了 rm 活动外没有空闲地连续加工工件。

（2）如 $\alpha_5 \leqslant \alpha_6$，工期等于零；否则，工期等于第 k 个工件的完工时间，其中 $k = \lceil n(\alpha_5 - \alpha_6)/(\alpha_4 + \alpha_5) \rceil$。

证明 第一个性质是显然的。第二个性质的证明类似于潘沃克等（Panwalkar et al.，1982）研究中引理 2 的证明，在此省略。

因此，rm 活动的最优位置可以通过搜索的方式得到。莫舍伊奥夫等（Mosheiov et al.，2010）指出，对于维护活动退化但不可压缩的问题，在最优调度中 rm 活动要么安排在零时刻，要么在工期之后执行。这一结论在维护时长可控时仍然成立，有如下引理。

引理 5.2 对于 $1 \mid dcrm,(p_j,\gamma_j p_j) \mid \sum (\alpha_4 E_j + \alpha_5 T_j + \alpha_6 d) + g(u)$ 问题，存在这样的最优解，其中 rm 活动要么安排在零时刻执行，要么安排在工期之后。

证明 如果固定 rm 活动的资源消费量 u，则问题归为维护时长只是退化的情形。那么，本结论证明类似于莫舍伊奥夫等（Mosheiov et al.，2010）研究中引理 2 的证明。

在引理 5.1 和引理 5.2 的基础上，下面分析所考虑问题的最优工件序列。注意到工期是第 k 个工件的完工时间（$k = \max \{\lceil n(\alpha_5 - \alpha_6)/(\alpha_4 +$

$\alpha_5)\rceil,0\}$）。以 m 记作维护活动的位置。

若 $m=n+1$，则目标函数为：

$$K = \sum_{j=1}^{n} (\alpha_4 E_j + \alpha_5 T_j + \alpha_6 d)$$

$$= \alpha_4 \sum_{j=1}^{k} (d - C_{[j]}) + \alpha_5 \sum_{j=k+1}^{n} (C_{[j]} - d) + \alpha_6 nd$$

$$= \sum_{j=1}^{k} [(j-1)\alpha_4 + n\alpha_6] p_{[j]} + \sum_{j=k+1}^{n} (n-j+1)\alpha_5 p_{[j]}$$

$$= \sum_{j=1}^{n} \omega_j p_{[j]}$$

其中，

$$\omega_j = \begin{cases} (j-1)\alpha_4 + n\alpha_6 & j=1,\cdots,k \\ (n-j+1)\alpha_5 & j=k+1,\cdots,n \end{cases} \tag{5.5}$$

那么，根据著名的 HLP 规则（Hardy et al., 1952），将第 i 小权重 ω_j 的位置匹配给第 i 大加工时间 p_j 的工件($i=1,\cdots,n$)，可以获得 K 的最小值。

若 $m=1$，则目标函数为：

$$K = \sum_{j=1}^{n} (\alpha_4 E_j + \alpha_5 T_j + \alpha_6 d) + g(u)$$

$$= \alpha_4 \sum_{j=1}^{k} (d - C_{[j]}) + \alpha_5 \sum_{j=k+1}^{n} (C_{[j]} - d)$$

$$+ \alpha_6 n [t_0 - \tau(u) + \sum_{j=1}^{k} \gamma_{[j]} p_{[j]}] + g(u)$$

$$= \sum_{j=1}^{k} [(j-1)\alpha_4 + n\alpha_6] \gamma_{[j]} p_{[j]} + \sum_{j=k+1}^{n} (n-j+1)\alpha_5 \gamma_{[j]} p_{[j]}$$

$$+ n\alpha_6 [t_0 - \tau(u)] - g(u)$$

$$= \sum_{j=1}^{n} \omega_j \gamma_{[j]} p_{[j]} + G(u)$$

其中，ω_j 具有式（5.5）中一样的形式，$G(u) = n\alpha_6 [t_0 - \tau(u)] - g(u)$。

注意到总成本 K 包含两个不相关部分：$\sum_{j=1}^{n} \omega_j \gamma_{[j]} p_{[j]}$ 和 $G(u)$。和前一种情

形类似，匹配缩短的加工时间 $\gamma_j p_j$ 给位置权重 ω_j，可得最小化表达式 $\sum_{j=1}^{n} \omega_j \gamma_{[j]} p_{[j]}$ 的最优工件序列。资源有关部分 $G(u) = n\alpha_6 [t_0 - \tau(u)] - g(u)$ 的最小化，可以通过指定资源量 $u^* = \arg\min \{ n\alpha_6 [t_0 - \tau(u)] - g(u) \mid u \in [0, u_{\max}] \}$ 单位给 rm 活动得到。

若 $m > k$，则目标函数：

$$K = K(\sigma, [m], u)$$

$$= \sum_{j=1}^{n} (\alpha_4 E_j + \alpha_5 T_j + \alpha_6 d) + g(u)$$

$$= \alpha_4 \sum_{j=1}^{k} (d - C_{[j]}) + \alpha_5 \sum_{j=k+1}^{n} (C_{[j]} - d) + \alpha_6 n \sum_{j=1}^{k} \gamma_{[j]} p_{[j]} + g(u)$$

$$= \sum_{j=1}^{k} (j-1) \alpha_4 p_{[j]} + \sum_{j=k+1}^{m-1} (n-j+1) \alpha_5 p_{[j]} + (n-m+1)$$

$$[t_0 + \delta \sum_{j=1}^{m-1} p_{[j]} - \tau(u)] \alpha_5 + \sum_{j=m}^{n} (n-j+1) \alpha_5 \gamma_{[j]} p_{[j]}$$

$$+ n\alpha_6 \sum_{j=1}^{k} p_{[j]} + g(u)$$

$$= \sum_{j=1}^{k} [(j-1) \alpha_4 + n\alpha_6 + (n-m+1) \delta \alpha_5] p_{[j]}$$

$$+ \sum_{j=k+1}^{m-1} [(n-j+1) \alpha_5 + (n-m+1) \delta \alpha_5] p_{[j]}$$

$$+ \sum_{j=m}^{n} (n-j+1) \alpha_5 \gamma_{[j]} p_{[j]} + (n-m+1) [t_0 - \tau(u)] \alpha_5 + g(u)$$

$$= K_1(\sigma, [m]) + K_2([m], u)$$

其中，

$$K_1(\sigma, [m]) = \sum_{j=1}^{k} [(j-1) \alpha_4 + n\alpha_6 + (n-m+1) \delta \alpha_5] p_{[j]}$$

$$+ \sum_{j=k+1}^{m-1} [(n-j+1) \alpha_5 + (n-m+1) \delta \alpha_5] p_{[j]}$$

$$+ \sum_{j=m}^{n} (n-j+1) \alpha_5 \gamma_{[j]} p_{[j]} \qquad (5.6)$$

和

$$K_2([m],u) = (n-m+1)(t_0-\tau(u))\alpha_5 + g(u) \qquad (5.7)$$

对给定的 m，显然 $K_1(\sigma,[m])$ 是只与工件序列有关，而 $K_2([m],u)$ 只与指派给 rm 活动的资源量有关。于是最小化总成本 $K(\sigma,[m],u)$ 等价于分别最小化 $K_1(\sigma,[m])$ 和 $K_2([m],u)$。和上一节关于流水时间问题类似，解指派问题可以最小化 $K_1(\sigma,[m])$。以 v_{ij} 表示将工件 i 指派给位子 j 的权重：

$$v_{ij} = \begin{cases} [(j-1)\alpha_4 + n\alpha_6 + (n-m+1)\delta\alpha_5]p_i & 1 \leqslant j \leqslant k \\ [(n-j+1)\alpha_5 + (n-m+1)\delta\alpha_5]p_i & k+1 \leqslant j \leqslant m-1 \quad (5.8) \\ (n-j+1)\alpha_5\gamma_i p_i & m \leqslant j \leqslant n \end{cases}$$

那么指派问题可以叙述如下：

$$\text{Min} \quad K_1(\sigma,[m]) = \sum_{i=1}^{n}\sum_{j=1}^{n} v_{ij}\chi_{ij} \qquad (5.9)$$

$$\text{s. t.} \quad \sum_{i=1}^{n}\chi_{ij} = 1, \quad j = 1,\cdots,n$$

$$\sum_{j=1}^{n}\chi_{ij} = 1, \quad i = 1,\cdots,n$$

$$\chi_{ij} \in \{0,1\}, \quad 1 \leqslant i,j \leqslant n$$

如工件 J_i 指派给位置 j，令 $\chi_{ij}=1$；否则，$\chi_{ij}=0$。给定 m，解上面的指派问题可以得式（5.6）中 $K_1(\sigma,[m])$ 的最小值。最小化 $K_2([m],u)$ 是一个函数最小化问题，即通过指派 $u^* = argmin\{(n-m+1)(t_0-\tau(u))\alpha_5 + g(u) \mid u \in [0,u_{\max}]\}$ 单位的资源给维护活动即可获得。

基于如上的分析，下面给出求解所考虑的共同工期指派问题 P5-4 的求解算法。

定理 5.5 算法 5.3 求解 $1 \mid dcrm, (p_j, \gamma_j p_j) \mid \sum (\alpha_4 E_i + \alpha_5 T_i + \alpha_6 d) + g(u)$ 问题的时间复杂度为 $O(n^4)$。

算法 5.3 工期指派问题的求解：

（1）置 $k = \max\{[n(\alpha_5-\alpha_6)/(\alpha_4+\alpha_5)],0\}$，$m = n+1$，$m^* = n+1$，

126

$K = \infty$，$u^* = 0$，σ^* 为任意序列。

（2）对于 $m = n + 1$，匹配第 i 小位置权重 ω_j 给第 i 大加工时间 p_j，$i = 1, \cdots, n$。获得 $K = K(\sigma, [n+1], 0)$ 最小值，以 σ^* 记对应工件序列。

（3）对于 $m = 1$，匹配第 i 小位置权重 ω_j 给第 i 大的缩短加工时间 $\gamma_j p_j, i = 1, \cdots, n$；并记获得的序列为 σ。指派 $u = argmin\{n\alpha_6(t_0 - \tau(u)) - g(u) \mid u \in [0, u_{max}]\}$ 单位资源给 rm 活动，得 $K(\sigma, [1], u)$ 最小值。若 $K(\sigma, [1], u) < K$，令 $K = K(\sigma, [1], u), u^* = u, m^* = 1$，更新 σ^* 为 σ。

（4）给定 m，解式（5.8）定义的 v_{ij} 对应的指派问题式（5.9）。令式（5.6）中最小成本为 K_1 并记对应序列为 σ。令 $u = argmin\{(n - m + 1)(t_0 - \tau(u))\alpha_5 + g(u) \mid u \in [0, u_{max}]\}$，得式（5.7）中 $K_2([k], u)$ 的最小值。若 $K > K_1 + K_2$，则置 $K = K_1 + K_2$，$m^* = m$，更新 σ^* 为 σ，记录 $u^* = u$。

（5）令 $m = m - 1$。如 $m < k$，执行步骤（6）；否则，转入步骤（4）。

（6）输出最优解：工件序列 σ^*，工期 $C_{[k]}$，维护位置 m^*，c 资源量 u^*，最小总成本 K。

证明 从上面分析可知，所考虑的共同工期指派问题，可以由算法 5.3 枚举求解。步骤（2）和步骤（3）中的匹配程序需要先对有关的量进行排序，需要时间 $O(n\log n)$。匈牙利算法求解步骤（4）中指派问题，需要 $O(n^3)$ 时间。步骤（4）需要执行 $(n - k + 1)$ 次。因此，算法总共需要时间 $O(n^4)$。

5.7
本章小结

本模型关注的是带效率调整的维护活动的生产调度问题，维护时长不仅是退化而且是可控的。维护时长是可控的，意味着可以使用额外的资源来压缩维护时长。含可控维护的调度问题始终未引起关注，所以本章考虑这样一种情境下的单机问题。共分析了三个正则的调度度量指标：时间表长、流水时间、最大延误。此外，还考虑了工期指派问题。

对每一个问题，本章提供了多项式时间的优化算法。其中时间表长问题是平凡的；对于流水时间问题，提供了时间复杂度为 $O(n^4)$ 的优化算法；对于最大延误问题，提供了时间复杂度为 $O(n^2)$ 的优化算法；对于工期指派问题，提供了时间复杂度为 $O(n^4)$ 的优化算法。

第6章

含有可控提交时间的
生产调度问题

6.1

引言

在传统的调度文献中，工件加工时间是不依赖于它在调度序列中的位置的固定常数。与之不同的是，存在着多种由于学习、老化或退化效应导致实际加工时间发生改变的情形。在这些效应中，工件在一个序列中安排越靠后加工，其实际加工时间将变得更短（更长）。最近，大量文献关注这种可变加工时间的调度问题，建立了各种不同模型来刻画这些现象，并考虑各种不同的绩效指标。通常，有两类模型描述这种加工过程：一类是致力于将问题中的工件加工时间表示为时间依赖的函数，而另一类是专注于将工件加工时间刻画成位置依赖的函数。关于时间依赖的调度问题的研究结果参考阿里达伊等（Alidaee et al.，1999）、程等（Cheng et al.，2004）、加维耶诺维奇和斯坦尼斯瓦夫（Gawiejnowicz & Stanislaw，2008）、王吉波（2005）、高文军等（2009）、金霁（2012）、吴爽和唐恒永（2005）；关于位置依赖的调度问题的研究成果参考巴克曼和贾尼亚克（Bachman & Janiak，2004）、比斯库普和迪尔克（Biskup & Dirk，2008）。更多含位置依赖加工时间的文献参考殷等（Yin et al.，2009）、赵等（Zhao et al.，2010）、舒等（Hsu et al.，2011）、莫舍约夫等（Mosheiov et al.，2012）。

另外，机器在调度周期中不一定是一直可加工工件的，这往往发生在含维护活动的问题中。李和利昂（Lee & Leon，2001）提出的效率调整活动便是其中之一。何等（He et al.，1989）研究了带严格效率提高活动的单机调度问题，莫舍伊奥夫和西德尼（Mosheiov & Sidney，2003）研究了带学习效应的时间表长问题，洛德里和盖革（Lodree & Geiger，2010）关注于机器带效率调整活动而工件加工时间是时间依赖的调度问题。莫舍伊奥夫等（Mosheiov et al.，2003）、王等（Wang et al.，2011）、库布津等（Kubzin et al.，2006）考虑的是带退化维护活动的情形。以上所有关于退化维护的文献中，都是假定维护时长是维护开始时间的线性增函数。本章考虑的两种带退化维护的调度模型，分别是维护时长为时间依赖的和位置依赖的。

6.2 问题描述

假设有含 n 个相互独立工件的工件集 $J = \{J_1, \cdots, J_n\}$，需要在一台单机上加工。所有工件都在零时刻可得,即所有工件释放时间 $r_j = 0$。机器任一时刻仅可加工一个工件且工件不允许中断。工件 J_j 的一般加工时间记作 p_j。我们将杨等(Yang et al.,2010a,2010b)文献讨论的问题推广到更一般的情形:如果在一个序列中工件 J_j 安排在位置 r,那么它的依赖于位置的加工时间是 $p_{j[r]}(j,r = 1,\cdots,n)$。调度者可以选择安排一个称为效率调整的维护活动,机器维护时加工必须停止。如前所述,维护活动的影响是:机器效率的改变引起工件加工时间的减少。位置 r 处 rm 活动之后加工的工件 J_j 的加工时间变为 $\gamma_j p_{j[r]}(0 < \gamma_j \le 1)$,其中 γ_j 为与工件有关的调整率,$j = 1$,$\cdots$,n。给定一个工件序列,以 $[r]$ 记作第 r 个位置,那么位置 r 处加工的工件一般加工时间和调整率分别记作 $p_{[r]}$ 和 $\gamma_{[r]}$,完工时间记作 $C_{[r]}$,$r = 1,\cdots,n$。

假设所有的工件共享一个共同的提交时间窗口,并以 d 和 $d + D(d$,$D \ge 0)$ 记作提交时间窗的开始时间和结束时间,D 为提交时间窗的长度。在时间 d 之前加工的工件认为是提前提交的,且其提前量为 $E_{[j]} = \max\{0, d - C_{[j]}\}$;而在时间 $d + D$ 之后加工的工件则认为是延误提交的,其延误量为 $T_{[j]} = \max\{0, C_{[j]} - d - D\}$。在本模型中,$d$ 和 D 为决策变量。

假定本模型中的 rm 活动维护时长不仅是退化的,而且是依赖于资源的。t_0 记作维护的基本时长,它是一个常数。我们考虑两种退化的维护时长,一种是时间依赖的退化,另一种是位置依赖的退化。维护活动通过消费额外的资源也是可以压缩的,以 $u \in [0, u_{\max}]$ 记作维护的资源消费量,其中上限 $u_{\max}$ 是 rm 活动可以使用的最大资源量。代表 rm 活动时间压缩量的 $\tau(u)$ 为一般的资源消费函数。一般情况下,在资源指派理论中 $\tau(u)$ 是非减非负连续函数,且满足 $\tau(0) = 0$ 和 $0 \le \tau(u) \le \tau(u_{\max}) \le \bar{\tau} < t_0$,其中 $\bar{\tau}$ 是 rm 活动的最大可能压缩量。使用 s 和 m 记作维护的开始时间和位置(也就是,维护是安排在位置 m 的工件加工之前执行)。定义每

一退化维护模型中维护的时长 t 如下：在时间依赖的退化维护模型中，令维护时长为：

$$t(s,u) = t_0 + \delta s - \tau(u) \tag{6.1}$$

其中，$\delta(\delta \geqslant 0)$ 是退化因子；而在位置依赖的退化维护模型中，令维护时长为：

$$t(m,u) = t_0\phi(m) - \tau(u) \tag{6.2}$$

其中，ϕ 是非负函数且满足 $1 = \phi(0) \leqslant \phi(1) \leqslant \cdots \leqslant \phi(n-1)$。

此外，消费 u 个单位额外资源，压缩 rm 活动时长，所需的成本为连续单增函数 $g(u)$。设它满足：对任意常数 L，函数 $g(u) - L\tau(u)$ 只有唯一的最小值点，记作 $argmin\{g(u) - L\tau(u) \mid u \in [0, u_{\max}]\}$，该极值点可以在常数时间内获得。在我们所考虑的问题中，包含如下的决策：

（1）工件序列 σ。

（2）提交窗位置 d 和长度 D。

（3）rm 活动：是否或什么时候执行维护活动。

（4）rm 活动的额外资源消费量 u。

提前的单位成本记作 α，延误的单位成本记作 β，（推后）提交窗开始时间的单位成本记作 θ，（增加）提交时间窗长度的单位成本记作 η。那么，目标是最小化如下的总成本：

$$K(\sigma, rm, d, D, u) = \sum_{j=1}^{n} (\alpha E_j + \beta T_j + \theta d + \eta D) + g(u) \tag{6.3}$$

使用调度问题的三元域记法（Graham et al.，1979），所研究的问题可记为：

$$1 \mid tdc - rm \mid \sum_{j=1}^{n} (\alpha E_j + \beta T_j + \theta d + \eta D) + g(u) \tag{6.4}$$

和

$$1 \mid pdc - rm \mid \sum_{j=1}^{n} (\alpha E_j + \beta T_j + \theta d + \eta D) + g(u) \tag{6.5}$$

其中，$tdc - rm$ 表示时间依赖的退化和可控的 rm 活动，$pdc - rm$ 代表位置依赖的退化且可控的 rm 活动。

6.3
最优解的性质分析

本节讨论所考虑问题最优解的结构特点，这些性质将在后面设计算法时用到。

引理 6.1 存在满足如下性质的一个最优解：

（1）除了执行维护活动之外，机器从零时刻开始连续而没有空闲的加工工件。

（2）若 $\eta < \theta$ 或 $\beta < \theta$，则提交时间窗口的开始时间为零（即 $d = 0$）。

（3）若 $\beta < \eta$ 或 $\alpha + \theta < \eta$，则提交时间窗口归结为提交时间（即 $D = 0$）。

证明 （1）证明是显然的，在此省略。

（2）假设 $\eta < \theta$ 和 $d > 0$。当把 d 移到零时，总成本改变量记为 ΔK，那么 $\Delta K < (-k\alpha - n\theta + n\eta)d < 0$，其中 k 是提前完工工件数量。若 $\beta < \theta$ 和 $d > 0$，将整个提交时间窗口移到零时刻开始（不改变其长度），那么引起的总成本变化为 $\Delta K < (-k\alpha + n\beta - n\theta)d < 0$，其中 k 记作提前工件的数量。因此，如果 $\eta < \theta$ 或 $\beta < \theta$，提交时间 d 或提交时间窗口的移动（直到 $d = 0$）将减少总的成本。也就是，存在一个最优调度，提交时间窗口的开始时间为零。

（3）如果 $\beta < \eta$，将 $d + D$ 移至 d，总成本变化为 $\Delta K < (m\beta + l\beta - n\eta)D < 0$，其中 l 和 m 分别记作在提交时间窗口内加工的工件数量和延误工件数量。如果 $\alpha + \theta < \eta$，将 d 移至 $d + D$，总成本变化 $\Delta K < (k\alpha + l\alpha + n\theta - n\eta)D < 0$，其中 k 和 l 分别记作提前完工工件数量和在提交时间窗口

内加工的工件数量。因此，如果 $\beta < \eta$ 或者 $\alpha + \theta < \eta$，$d + D$ 或者 d 的移动（直至 $D = 0$）将减少总成本。也就是，存在一个最优调度，提交时间窗口归结为提交时间。

引理 6.2 存在这样的最优调度，提交时间窗的开始时间 d 等于某个工件的完工时间，结束时间 $d + D$ 也会等于某个工件的完工时间。

证明 假定存在零时刻开始的某个调度 $\sigma = ([1], \cdots, [n])$，它包含第 k 个位置和第 $k + l$ 个位置的工件，使 $C_{[k]} < d < C_{[k+1]}$ 和 $C_{[k+l]} < d + D < C_{[k+l+1]}$，其中 $0 \leqslant k \leqslant k + l \leqslant n$。令 $X = d - C_{[k]}$，$Y = d + D - C_{[k+l]}$。给定维护活动（安排了的话）的位置和资源消费量 u，那么序列 σ 中各工件的完工时间 $C_{[j]}, j = 1, \cdots, n$ 和维护时长 t 也是固定的。注意到，$0 \leqslant X \leqslant C_{[k+1]} - C_{[k]}$ 和 $0 \leqslant Y \leqslant C_{[k+l+1]} - C_{[k+l]}$。于是，工件 $J_{[j]}, j = k, k - 1, \cdots, 1$ 的提前完工时间（记作 $E_{[j]}$）是：

$$E_{[k]} = X$$

$$E_{[k-1]} = C_{[k]} - C_{[k-1]} + X$$

$$\cdots$$

$$E_{[1]} = C_{[k]} - C_{[1]} + X$$

工件 $J_{[j]}, j = k + l + 1, k + l + 2, \cdots, n$ 的延误完工时间（记作 $T_{[j]}$）是：

$$T_{[k+l+1]} = C_{[k+l+1]} - C_{[k+l]} - Y$$

$$T_{[k+l+2]} = C_{[k+l+2]} - C_{[k+l]} - Y$$

$$\cdots$$

$$T_{[n]} = C_{[n]} - C_{[k+l]} - Y$$

总提前完工时间（记作 E）是：

$$E = (k - 1)C_{[k]} - \sum_{j=1}^{k-1} C_{[j]} + kX$$

总延误完工时间（记作 T）是：

$$T = \sum_{j=k+l+1}^{n} C_{[j]} - (n - k - l - 1)C_{[k+l]} - (n - k - l - 1)Y$$

提交时间窗口开始时间 d 是：

$$d = C_{[k]} + X$$

提交时间窗口的长度 D 是：

$$D = C_{[k+l]} + Y - C_{[k]} - X$$

那么，总成本可表示为：

$$K = \alpha E + \beta T + n\theta d + n\eta D + g(u)$$

$$= \alpha \left[(k-1)C_{[k]} - \sum_{j=1}^{k-1} C_{[j]} + kX \right]$$

$$+ \beta \left[\sum_{j=k+l+1}^{n} C_{[j]} - (n-k-l-1)C_{[k+l]} - (n-k-l-1)Y \right]$$

$$+ n\theta \left[C_{[k]} + X \right] + n\eta \left[C_{[k+l]} + Y - C_{[k]} - X \right] + g(u)$$

$$= aX + bY + c$$

其中，$a = n\theta + k\alpha - n\eta, b = n\eta - (n-k-l)\beta$

和

$$c = -\alpha \sum_{j=1}^{k-1} C_{[j]} + \left[n(\theta - \eta) + (k-1)\alpha \right] C_{[k]}$$

$$+ \left[n\eta - (n-k-l-1)\beta \right] C_{[k+l]}$$

$$+ \beta \sum_{j=k+l+1}^{n} C_{[j]} + g(u)$$

因为 a、b 和 c 都是常数，不依赖于 X 和 Y，显然 $c > 0$。最小化总成本 K，必须满足下列条件之一：（1）若 $a \geq 0$ 且 $b \geq 0$，则 $X = 0$ 且 $Y = 0$；（2）若 $a \geq 0$ 且 $b \leq 0$，则 $X = 0$ 且 $Y = C_{[k+l+1]} - C_{[k+l]}$；（3）若 $a \leq 0$ 且 $b \geq 0$，则 $X = C_{[k+1]} - C_{[k]}$ 且 $Y = 0$；（4）若 $a \leq 0$ 且 $b \leq 0$，则 $X = C_{[k+1]} - C_{[k]}$ 且 $Y = C_{[k+l+1]} - C_{[k+l]}$。因此，可得结论：存在这样的最优调度，提交时间窗口开始时间 d 和结束时间 $d + D$ 都会等于某个工件的完工时间。

引理6.3 对于给定的工件序列和维护活动的额外资源消费量，最优调度为下列情形之一：

情形1：始终没有安排 rm 活动；

情形 2：rm 活动在零时刻开始；

情形 3：rm 活动安排在提交时间窗口的结束时间之后。

证明　对于给定的工件序列 $\sigma = (i_1, \cdots, i_n)$ 和固定的 rm 活动资源消费量 u，只需要证明：将 rm 活动安排在提交时间窗结束时间之前不是最优的，除非将 rm 活动安排在零时刻。根据引理 6.2，设存在第 k 个位置和第 $(k+l)$ 个位置的工件，使 $d = C_{[k]}$ 和 $d + D = C_{[k+l]}$，其中 $0 \leqslant k \leqslant k+l \leqslant n$。假定 rm 活动安排在紧接着第 r 个工件 $i_r (0 < r < k + l)$ 之后，为简单起见，其时长记作 $t(r)$。

如果维护安排在提交时间窗之前（也就是 $0 < r < k$），那么将维护移动到零时刻开始执行。总成本的改变量为：

$$\Delta K = - \sum_{j=1}^{r} \alpha \left[(r-j)(1 - \gamma_{[j]}) p_{i_j[j]} + (t(r) - t(0)) \right]$$
$$- n\theta \left[\sum_{j=1}^{r} (1 - \gamma_{[j]}) p_{i_j[j]} + (t(r) - t(0)) \right]$$

我们注意到，$0 < \gamma_{[j]} \leqslant 1$ 和 $t(r) - t(0) \geqslant 0$（即维护时长是退化的）。于是有 $\Delta K \leqslant 0$。

如果提交时间窗的开始时间为零（即没有提前完工工件）且维护安排在提交时间窗内（即 $0 = k < r < l$），那么将维护移动到零时刻开始执行。总成本的改变量为：

$$\Delta K = - n\eta \sum_{j=1}^{r} (1 - \gamma_{[j]}) p_{i_j[j]} \leqslant 0$$

如果存在提前完工工件且维护安排在提交时间窗内（也就是 $0 < k \leqslant r < k + l$），再次将维护移动到零时刻开始执行，则总成本改变量：

$$\Delta K = - \sum_{j=1}^{k} \alpha \left[(k-j)(1 - \gamma_{[j]}) p_{i_j[j]} + (t(r) - t(0)) \right]$$
$$- n\theta \sum_{j=1}^{k} (1 - \gamma_{[j]}) p_{i_j[j]} + n\theta t(0)$$
$$- n\eta \sum_{j=k+1}^{r} (1 - \gamma_{[j]}) p_{i_j[j]} - n\eta t(r)$$

其中，$\sum_{j=k+1}^{k}(1-\gamma_{[j]})p_{ij[j]}=0$。显然有 $\Delta K\leqslant n(\theta-\eta)t(r)$。注意到 $\theta\leqslant\eta$（否则，根据引理 6.1，提交时间窗的开始时间为零，就归为前一种情况了），于是有 $\Delta K\leqslant0$。

根据引理 6.2，设 d 和 $d+D$ 分别为第 k 个和第 $k+l$ 个工件的完工时间，即 $C_{[k]}=d$ 和 $C_{[k+l]}=d+D$。下面的引理显示 k 和 $k+l$ 是依赖于成本参数，但不依赖于退化且可控的 rm 活动的位置和时长。也意味着位置依赖的加工时长也不会影响 k 和 $k+l$ 的值。以 $\lceil\chi\rceil$ 记不小于 χ 的最小整数。那么，有下面的结论：

引理 6.4　（Liman et al.，1998）存在这样的最优调度：提交时间窗开始时间 d 等于 $C_{[k]}$，其中 $k=\lceil n(\eta-\theta)/\alpha\rceil$；结束时间 $d+D$ 等于 $C_{[k+l]}$，其中 $k+l=\lceil n(\beta-\eta)/\beta\rceil$。

证明　分别对 d 和 $d+D$ 采用标准的微扰方法，向左右两边移动即可得证。

注记 6.1　据引理 6.4，$k=\lceil n(\eta-\theta)/\alpha\rceil$，$k+l=\lceil n(\beta-\eta)/\beta\rceil$。我们注意到，式（6.6）中系数 $(j-1)\alpha+n\theta$，$n\eta$ 和 $(n-j+1)\beta$ 分别为提前完工工件、提交时间窗内完工工件和延误完工工件的位置权重。对于每个 $j=1,\cdots,n$，应该选取 $\min\{(j-1)\alpha+n\theta,n\eta,(n-j+1)\beta\}$（Liman et al.，1998）。于是，$k$ 是使 $(j-1)\alpha+n\theta\leqslant\min\{n\eta,(n-j+1)\beta\}$ 的最大的 j。如没有 j 满足该式，则 $k=0$，也就是没有提前完工工件。类似地，$k+l$ 是满足 $n\eta\leqslant\min\{(j-1)\alpha+n\theta,(n-j+1)\beta\}$ 的最大的 j。如没有 j 满足此不等式，则 $l=0$，也就是提交时间窗收缩为提交时间。

为了方便，如果 rm 活动安排在紧接工件 $[m]$ 之后，即 $s=C_{[m]}$，则称维护位置为 m。根据引理 6.3 和引理 6.4，只需要考虑维护位置为 $m=0$ 或 $m=k+l,\cdots,n$ 的解。因此，$m=0$ 对应机器在未加工工件之前执行 rm 活动的情况，它可以表示调度者对初始状态处于低效率的机器实施维护这一特殊情形；而 $m=n$ 意味着始终不执行 rm 活动。事实上，以上的这些结论与维护的退化和可控性是无关的，但是引理 6.3 对于杨等

（Yang et al.，2010）研究的如下情形的问题是不成立的：机器维护之后，包括学习和退化效应都恢复到初始状态。

6.4
时间依赖的退化维护及优化算法

本节考虑依赖于时间的退化维护模型：rm 活动的时长为 $t(s,u) = t_0 + \delta s - \tau(u)$，其中 s 为 rm 活动的开始时间，$\delta(\delta \geq 0)$ 是退化因子。根据引理 6.3，需要分别分析如下三种情况的求解。

情况 1：不执行 rm 活动，也就是 $m = n$。

假定存在一个调度 $\sigma = \{i_1, \cdots, i_n\}$ 在零时刻开始，且存在 k 和 $(k+l)$ 使 $d = C_{[k]}$，$d + D = C_{[k+l]}$。那么，总成本为：

$$
\begin{aligned}
K &= \sum_{j=1}^{n} (\alpha E_j + \beta T_j + \theta d + \eta D) \\
&= \alpha \sum_{j=1}^{k} (d - C_{[j]}) + \beta \sum_{j=k+l+1}^{n} (C_{[j]} - d - D) + n\theta C_{[k]} + n\eta (C_{[k+l]} - C_{[k]}) \\
&= \alpha \sum_{j=1}^{k} (j-1)p_{i_j[j]} + \beta \sum_{j=k+l+1}^{n} (n-j+1)p_{i_j[j]} + n\theta \sum_{j=1}^{k} p_{i_j[j]} + n\eta \sum_{j=k+1}^{k+l} p_{i_j[j]} \\
&= \sum_{j=1}^{k} [(j-1)\alpha + n\theta]p_{i_j[j]} + \sum_{j=k+1}^{k+l} n\eta p_{i_j[j]} + \sum_{j=k+l+1}^{n} (n-j+1)\beta p_{i_j[j]}
\end{aligned}
$$

$$(6.6)$$

最小化 K 可以转化为一个指派问题。定义下面标准的二元变量：

$$
\chi_{ij} = \begin{cases} 1, & \text{工件 } J_i \text{ 指派给位置 } j \\ 0, & \text{其他} \end{cases} \tag{6.7}
$$

以 $\omega_{ij}^{(n)}$ 表示将工件 J_i 指派给位置 j 的权重，其中 (n) 标记维护位置（下文类似标记）：

$$\omega_{ij}^{(n)} = \begin{cases} [(j-1)\alpha + n\theta]p_{i[j]} & j = 1, \cdots, k \\ n\eta p_{i[j]} & j = k+1, \cdots, k+l \\ (n-j+1)\beta p_{i[j]} & j = k+l+1, \cdots, n \end{cases} \tag{6.8}$$

指派问题描述如下：

$$\text{Min } K = \sum_{i=1}^{n} \sum_{j=1}^{n} \omega_{ij}^{(n)} \chi_{ij} \tag{6.9}$$

$$\text{s. t.} \quad \sum_{i=1}^{n} \chi_{ij} = 1 \quad j = 1, \cdots, n$$

$$\sum_{j=1}^{n} \chi_{ij} = 1 \quad j = 1, \cdots, n$$

$$\chi_{ij} \in \{0,1\} \quad 1 \leqslant i, j \leqslant n \tag{6.10}$$

对这种情况，求解指派问题可获得最优序列及 K 的最小值。

情况2：rm 活动在零时刻执行，也就是 $m = 0$。

设维护活动在零时开始，且时长为 $t = t_0 - \tau(u)$。假定存在一个调度 $\sigma = \{i_1, \cdots, i_n\}$ 在 t 时刻开始，且存在 k 和 $(k+l)$，使 $d = C_{[k]}, d + D = C_{[k+l]}$。那么，总成本为：

$$\begin{aligned}
K &= \sum_{j=1}^{n} (\alpha E_j + \beta T_j + \theta d + \eta D) + g(u) \\
&= \alpha \sum_{j=1}^{k} (d - C_{[j]}) + \beta \sum_{j=k+l+1}^{n} (C_{[j]} - d - D) + n\theta C_{[k]} \\
&\quad + n\eta (C_{[k+l]} - C_{[k]}) + g(u) \\
&= \alpha \sum_{j=1}^{k} (j-1)\gamma_{[j]}p_{i_j[j]} + \beta \sum_{j=k+l+1}^{n} (n-j+1)\gamma_{[j]}p_{i_j[j]} \\
&\quad + n\theta \Big[t_0 - \tau(u) + \sum_{j=1}^{k} \gamma_{[j]}p_{i_j[j]} \Big] + n\eta \sum_{j=k+1}^{k+l} \gamma_{[j]}p_{i_j[j]} + g(u) \\
&= \sum_{j=1}^{k} [(j-1)\alpha + n\theta]\gamma_{[j]}p_{i_j[j]} + \sum_{j=k+1}^{k+l} n\eta\gamma_{[j]}p_{i_j[j]} \\
&\quad + \sum_{j=k+l+1}^{n} (n-j+1)\beta\gamma_{[j]}p_{i_j[j]} + n\theta[t_0 - \tau(u)] + g(u) \\
&= K_1(\sigma) + K_2(u) \tag{6.11}
\end{aligned}$$

其中，

$$K_1(\sigma) = \sum_{j=1}^{k} [(j-1)\alpha + n\theta]\gamma_{[j]}p_{i_j[j]} + \sum_{j=k+1}^{k+l} n\eta\gamma_{[j]}p_{i_j[j]}$$

$$+ \sum_{j=k+l+1}^{n} (n-j+1)\beta\gamma_{[j]}p_{i_j[j]} \tag{6.12}$$

$$K_2(u) = n\theta[t_0 - \tau(u)] + g(u) \tag{6.13}$$

我们注意到，$K_1(\sigma)$ 是依赖于序列的，而 $K_2(u)$ 是依赖于资源的。最小化 K 等价于同时最小化 $K_1(\sigma)$ 和 $K_2(u)$。最优序列可以通过求解指派问题获得。采取与情况 1 类似的方式，定义二元 0 – 1 变量 [见式 (6.7)]，且规定将工件 J_i 指派给位置 j 的权重 $\omega_{ij}^{(0)}$ 如下：

$$\omega_{ij}^{(0)} = \begin{cases} [(j-1)\alpha + n\theta]\gamma_{[j]}p_{i[j]} & j = 1, \cdots, k \\ n\eta\gamma_{[j]}p_{i[j]} & j = k+1, \cdots, k+l \\ (n-j+1)\beta\gamma_{[j]}p_{i[j]} & j = k+l+1, \cdots, n \end{cases} \tag{6.14}$$

那么，需要求解的指派问题是：

$$\text{Min} \quad K_1(\sigma) = \sum_{i=1}^{n} \sum_{j=1}^{n} \omega_{ij}^{(0)}\chi_{ij} \tag{6.15}$$

约束条件为式 (6.10)。$K_2(u)$ 最小化是函数最小化问题：指定 $u^* = argmin\{n\theta[t_0 - \tau(u)] + g(u) \mid u \in [0, u_{max}]\}$ 单位的资源给维护活动可以获得 $K_2(u)$ 最小值。

注记 6.2 正如注记 6.1 所言，k 是满足 $(j-1)\alpha + n\theta \leqslant \min\{n\eta, (n-j+1)\beta\}$ 的最大的 j。若没有 j 满足此不等式，则 $k = 0$，也就是没有提前完工工件。在这种情况下，若 $\theta \geqslant \eta$，提交时间窗的开始时间为零；否则，开始时间为 $t_0 - \tau(u^*)$。

情况 3：rm 活动安排在提交时间窗口结束时间之后，也就是 $k+l \leqslant m < n$。

设存在零时刻开始的调度序列 $\sigma = \{i_1, \cdots, i_n\}$，且 $d = C_{[k]}, d + D = C_{[k+l]}$。假定维护安排在紧接第 m 个工件 $(k+l \leqslant m < n)$ 之后。那么，维护活动时长为 $t = t_0 + \delta \sum_{j=1}^{m} p_{i_j[j]} - \tau(u)$，总成本是：

$$K = \sum_{j=1}^{n} (\alpha E_j + \beta T_j + \theta d + \eta D) + g(u)$$

$$= \alpha \sum_{j=1}^{k} (d - C_{[j]}) + \beta \sum_{j=k+l+1}^{n} (C_{[j]} - d - D) + n\theta C_{[k]}$$

$$+ n\eta (C_{[k+l]} - C_{[k]}) + g(u)$$

$$= \alpha \sum_{j=1}^{k} (j-1)p_{i_j[j]} + \beta \sum_{j=k+l+1}^{m} (n-j+1)p_{i_j[j]}$$

$$+ \beta \sum_{j=m+1}^{n} (n-j+1)\gamma_{[j]}p_{i_j[j]} + \beta(n-m)\left[t_0 + \delta \sum_{j=1}^{m} p_{i_j[j]} - \tau(u)\right]$$

$$+ n\theta \sum_{j=1}^{k} p_{i_j[j]} + n\eta \sum_{j=k+1}^{k+1} p_{i_j[j]} + g(u)$$

$$= \sum_{j=1}^{k} \left[(j-1)\alpha + \beta(n-m)\delta + n\theta\right]p_{i_j[j]}$$

$$+ \sum_{j=k+1}^{k+l} \left[\beta(n-m)\delta + n\eta\right]p_{i_j[j]} + \sum_{j=k+l+1}^{m} \left[(n-j+1)\beta\right.$$

$$+ \beta(n-m)\delta\left]p_{i_j[j]} + \sum_{j=m+1}^{n} (n-j+1)\beta\gamma_{[j]}p_{i_j[j]}\right.$$

$$+ \beta(n-m)\left[t_0 - \tau(u)\right] + g(u)$$

$$= K_1(\sigma) + K_2(u) \tag{6.16}$$

其中,

$$K_1(\sigma) = \sum_{j=1}^{k} \left[(j-1)\alpha + \beta(n-m)\delta + n\theta\right]p_{i_j[j]}$$

$$+ \sum_{j=k+1}^{k+l} \left[\beta(n-m)\delta + n\eta\right]p_{i_j[j]}$$

$$+ \sum_{j=k+l+1}^{m} \left[(n-j+1)\beta + \beta(n-m)\delta\right]p_{i_j[j]}$$

$$+ \sum_{j=m+1}^{n} (n-j+1)\beta\gamma_{[j]}p_{i_j[j]} \tag{6.17}$$

和

$$K_2(u) = \beta(n-m)\left[t_0 - \tau(u)\right] + g(u) \tag{6.18}$$

我们注意到,对于给定的 m,总成本 K 包括 $K_1(\sigma)$ 和 $K_2(u)$ 两部分,且它们不相关。$K_1(\sigma)$ 是依赖于序列的,其最小化可以转化为解指派问题。将工件 J_i 指派给位置 j 的权重记作 $\omega_{ij}^{(m)}$，那么有：

$$\omega_{ij}^{(m)} = \begin{cases} \left[(j-1)\alpha + \beta(n-m)\delta + n\theta \right] p_{i[j]} & j = 1, \cdots, k \\ \left[\beta(n-m)\delta + n\eta \right] p_{i[j]} & j = k+1, \cdots, k+l \\ \left[(n-j+1)\beta + \beta(n-m)\delta \right] p_{i[j]} & j = k+l+1, \cdots, m \\ (n-j+1)\beta\gamma_{[j]} p_{i[j]} & j = m+1, \cdots, n \end{cases} \quad (6.19)$$

求解下面的问题，可以最小化成本 K_1 及最优的工件序列：

$$\text{Min} \quad K_1(\sigma) = \sum_{i=1}^{n} \sum_{j=1}^{n} \omega_{ij}^{(m)} \chi_{ij} \quad (6.20)$$

约束条件为式（6.10）。成本 $K_2(u)$ 是依赖于资源的，其最小化是属于函数最小值问题。rm 活动的最优资源消费量为 $u^* = \arg\min\{\beta(n-m)[t_0 - \tau(u)] + g(u) \mid u \in [0, u_{\max}]\}$。综上分析，可归纳出所考虑问题的求解算法如下：

算法 6.1 含时间依赖的退化维护的提交时间窗指派问题求解：

（1）据引理 6.4 和注记 6.1，确定提交时间窗口的开始时间和结束时间的位置为 k 和 $k+l$。

（2）计算所有的局部最优解（包括工件序列、维护的资源消费量及总成本）：对于 $m=n$，解指派问题式（6.8）–式（6.9）–式（6.10）；对于 $m=0$，解指派问题式（6.14）–式（6.15）–式（6.10）及最小化 $\{n\theta[t_0 - \tau(u)] + g(u) \mid u \in [0, u_{\max}]\}$；对于 $m = k+l, \cdots, n-1$，解指派问题式（6.19）–式（6.20）–式（6.10）及最小化 $\{\beta(n-m)[t_0 - \tau(u)] + g(u) \mid u \in [0, u_{\max}]\}$。

（3）比较步骤（2）中获得的各总成本值，得全局最优解：具有最小总成本的解为最优。

定理 6.1 问题 $1 \mid tdc - rm \mid \sum_{j=1}^{n} (\alpha E_j + \beta T_j + \theta d + \eta D) + g(u)$ 的最优解可由算法 6.1 求解，且时间复杂度为 $O(n^4)$。

证明 综上所述，可以先确定提前完工、准时完工（提交时间窗内完工）、延误完工工件数量。一旦给出维护位置 m，那么问题就转化为相应的指派问题及函数最小值问题。匈牙利算法求解经典指派问题的时间为 $O(n^3)$。共需要求解 $n - k - l + 2$ 个指派问题。因此，算法总的复杂度为 $O(n^4)$，结论得证。

6.5

位置依赖的退化维护及优化算法

我们注意到，前面建立的有关最优解的性质引理 6.1、引理 6.2、引理 6.3 和引理 6.4，不仅适合于上节时间依赖的退化维护问题，对本节位置依赖的退化维护也是成立的。本节将上节有关时间依赖的退化维护问题推广到位置依赖的退化维护情形，也需要分别考虑以下三种情况。

情况 1：始终不执行 rm 活动。

本情况与时间依赖的退化维护问题的情况 1 相同。

情况 2：rm 活动在零时刻执行。

我们注意到，$\phi(0) = 1$，rm 活动在零时刻开始，且时长 $t = t_0 - \tau(u)$ 等于上节情况 2 中的维护时长。因此，本情况也与上节问题情况 2 相同。

情况 3：rm 活动安排在提交时间窗口之后。

设存在零时刻开始的工件序列 $\sigma = \{i_1, \cdots, i_n\}$，其中，第 k 个位置和第 $(k + l)$ 个位置的工件满足 $d = C_{[k]}$、$d + D = C_{[k+l]}$。假定维护活动安排在紧接第 $m(k + l \leqslant m < n)$ 个位置的工件。于是，维护时长为 $t = t_0\phi(m) - \tau(u)$，总成本是：

$$K = \sum_{j=1}^{n} (\alpha E_j + \beta T_j + \theta d + \eta D) + g(u)$$

$$= \alpha \sum_{j=1}^{k} (d - C_{[j]}) + \beta \sum_{j=k+l+1}^{n} (C_{[j]} - d - D) + n\theta C_{[k]}$$

$$+ n\eta(C_{[k+l]} - C_{[k]}) + g(u)$$

$$= \alpha \sum_{j=1}^{k} (j-1)p_{i_j[j]} + \beta \sum_{j=k+l+1}^{m} (n-j+1)p_{i_j[j]}$$

$$+ \beta \sum_{j=m+1}^{n} (n-j+1)\gamma_{[j]}p_{i_j[j]} + \beta(n-m)[t_0\phi(m) - \tau(u)]$$

$$+ n\theta \sum_{j=1}^{k} p_{i_j[j]} + n\eta \sum_{j=k+1}^{k+l} p_{i_j[j]} + g(u)$$

$$= \sum_{j=1}^{k} [(j-1)\alpha + n\theta]p_{i_j[j]} + \sum_{j=k+1}^{k+l} n\eta p_{i_j[j]} + \sum_{j=k+l+1}^{m} (n-j+1)\beta p_{i_j[j]}$$

$$+ \sum_{j=m+1}^{n} (n-j+1)\beta\gamma_{[j]}p_{i_j[j]} + \beta(n-m)[t_0\phi(m) - \tau(u)] + g(u)$$

$$= K_1(\sigma) + K_2(u) \tag{6.21}$$

其中，

$$K_1(\sigma) = \sum_{j=1}^{k} [(j-1)\alpha + n\theta]p_{i_j[j]} + \sum_{j=k+1}^{k+l} n\eta p_{i_j[j]}$$

$$+ \sum_{j=k+l+1}^{m} (n-j+1)\beta p_{i_j[j]} + \sum_{j=m+1}^{n} (n-j+1)\beta\gamma_{[j]}p_{i_j[j]} \tag{6.22}$$

和

$$K_2(u) = \beta(n-m)[t_0\phi(m) - \tau(u)] + g(u) \tag{6.23}$$

我们注意到，对于给定的 m，总成本 K 包含 $K_1(\sigma)$ 和 $K_2(u)$ 两部分且它们不相关。序列有关的部分 $K_1(\sigma)$ 的最小化，可以转化为指派问题求解。将工件 J_i 指派给位置 j 的成本或权重记作 $\omega'^{(m)}_{ij}$，那么有：

$$\omega'^{(m)}_{ij} = \begin{cases} [(j-1)\alpha + n\theta]p_{i[j]} & j = 1,\cdots,k \\ n\eta p_{i[j]} & j = k+1,\cdots,k+l \\ (n-j+1)\beta p_{i[j]} & j = k+l+1,\cdots,m \\ (n-j+1)\beta\gamma_{[j]}p_{i[j]} & j = m+1,\cdots,n \end{cases} \tag{6.24}$$

于是求解下面的指派问题，可以获得最小化部分成本 K_1 的最优序列：

$$\text{Min} \quad K_1(\sigma) = \sum_{i=1}^{n} \sum_{j=1}^{n} \omega'^{(m)}_{ij}\chi_{ij} \tag{6.25}$$

约束条件为式（6.10）。部分成本 $K_2(u)$ 依赖于维护消费的资源量，取最优资源量为 $u^* = arg\min\{\beta(n-m)[t_0\phi(m) - \tau(u)] + g(u) \mid u \in [0, u_{\max}]\}$ 单位。事实上，式（6.23）和式（6.18）只相差一个常数。因此，本情况维护的最优资源消费量和上节对应情形时维护的资源消费量是相等的。

基于上面的讨论，在此类似的给出求解 $1 \mid pdc - rm \mid \sum\limits_{j=1}^{n} (\alpha E_j + \beta T_j + \theta d + \eta D) + g(u)$ 问题的多项式时间算法6.2。它完全类似于算法6.1，不同之处是：将该算法步骤（2）中求解指派问题式（6.19）-式（6.20）-式（6.10），改为指派问题式（6.24）-式（6.25）-式（6.10）；最小化 $\{\beta(n-m)[t_0 - \tau(u)] + g(u) \mid u \in [0, u_{\max}]\}$，改为最小化 $\{\beta(n-m)[t_0\phi(m) - \tau(u)] + g(u) \mid u \in [0, u_{\max}]\}$。

算法6.2 含位置依赖的退化维护的提交时间窗指派问题求解：

（1）据引理6.4和注记6.1，确定提交时间窗口的开始时间和结束时间的位置为 k 和 $k+l$。

（2）计算所有的局部最优解（包括工件序列、维护的资源消费量及总成本）：对于 $m = n$，解指派问题式（6.8）-式（6.9）-式（6.10）；对于 $m = 0$，解指派问题式（6.14）-式（6.15）-式（6.10）及最小化 $\{n\theta[t_0 - \tau(u)] + g(u) \mid u \in [0, u_{\max}]\}$；对于 $m = k+l, \cdots, n-1$，解指派问题式（6.24）-式（6.25）-式（6.10）及最小化 $\{\beta(n-m)[t_0\phi(m) - \tau(u)] + g(u) \mid u \in [0, u_{\max}]\}$。

（3）比较步骤（2）中获得的各总成本值，得全局最优解：具有最小总成本的解为最优解。

定理6.2 算法6.2求解 $1 \mid pdc - rm \mid \sum\limits_{j=1}^{n} (\alpha E_j + \beta T_j + \theta d + \eta D) + g(u)$ 问题的时间复杂度是 $O(n^4)$。

证明 类似于定理6.1证明。

验证算例

本节给出所讨论的两个问题的具体实例，说明算法求解步骤。

算例 6.1 设有 $n = 10$ 个工件，工件 J_j 在 rm 活动之前加工的一般位置依赖的加工时间是 $p_{j[r]} = p_j r^{a_j}$，$a_j \leqslant 0$ 是与工件有关的学习因子。工件参数 p_j，a_j，γ_j 和 $p_{j[r]}$ 如表 6.1 和表 6.2 所示。令 $t_0 = 4$，$\delta = 0.1$，$\tau(u) = \dfrac{u}{2}$ 和 $g(u) = \dfrac{u^2}{4}$，$0 \leqslant u \leqslant u_{max} = 6$。设 $\alpha = 0.25$，$\beta = 0.55$，$\theta = 0.05$，$\eta = 0.15$。

表 6.1　　　　　　　　　　　算例 6.1 的工件参数

J_j	J_1	J_2	J_3	J_4	J_5	J_6	J_7	J_8	J_9	J_{10}
p_j	7.0	15.0	8.0	10.0	8.0	9.0	13.0	6.0	11.0	7.0
a_j	-0.3	-0.1	-0.2	-0.1	-0.3	-0.2	-0.1	-0.1	-0.2	-0.1
γ_j	0.9	0.7	0.8	0.7	0.9	0.6	0.6	0.9	0.7	0.8

表 6.2　　　　　　　　　算例 6.1 的工件一般加工时间 $p_{i[r]}$

$r \backslash J_i$	J_1	J_2	J_3	J_4	J_5	J_6	J_7	J_8	J_9	J_{10}
1	7.00	15.00	8.00	10.00	8.00	9.00	13.00	6.00	11.00	7.00
2	5.69	14.00	6.96	9.33	6.50	7.84	12.13	5.60	9.58	6.53
3	5.04	13.44	6.42	8.96	5.75	7.23	11.65	5.38	8.83	6.27
4	4.62	13.06	6.06	8.71	5.28	6.82	11.32	5.22	8.34	6.09
5	4.32	12.77	5.80	8.51	4.97	6.52	11.07	5.11	7.97	5.96
6	4.09	12.54	5.59	8.36	4.67	6.29	10.87	5.02	7.69	5.85
7	3.91	12.35	5.42	8.23	4.46	6.10	10.70	4.94	7.45	5.76
8	3.75	12.18	5.28	8.12	4.29	5.94	10.56	4.87	7.26	5.69
9	3.62	12.04	5.16	8.03	4.14	5.80	10.44	4.82	7.09	5.62
10	3.51	11.92	5.05	7.94	4.01	5.68	10.33	4.77	6.94	5.56

解：根据引理 6.4，计算 $k = \lceil n(\eta - \theta)/\alpha \rceil = 4$ 和 $k + l = \lceil n(\beta - \eta)/\beta \rceil = 8$。于是需要考虑下面四种情形：$m = 0$，$m = 8$，$m = 9$ 和 $m = 10$。对于每一种情况，求解对应的指派问题得到的最优序列以加粗数字表示（见表 6.3 ~ 表 6.6）。对应的最优值（optimal value，OPV）在表头上标示。

表 6.3 　　　　　指派成本 $\omega_{ij}^{(10)}$（$= \omega'^{(10)}_{ij}$），OPV = 70.17

$j \backslash J_i$	J_1	J_2	J_3	J_4	J_5	J_6	J_7	J_8	J_9	J_{10}
1	**3.50**	12.75	9.60	15.50	15.20	20.25	33.80	17.70	36.30	25.55
2	2.84	**11.90**	8.36	14.46	12.35	17.63	31.54	16.51	31.60	23.84
3	2.52	11.42	7.71	**13.89**	10.93	16.26	30.28	15.86	29.14	22.89
4	2.31	11.10	**7.28**	13.49	10.03	15.35	29.42	15.41	27.51	22.24
5	4.32	12.77	5.80	8.51	4.94	6.52	11.07	**5.11**	7.97	5.96
6	4.09	12.54	5.59	8.36	4.67	6.29	10.87	5.02	7.69	**5.85**
7	3.90	12.35	5.42	8.23	4.46	**6.10**	10.70	4.94	7.45	5.76
8	3.75	12.18	5.28	8.12	**4.29**	5.94	10.56	4.87	7.26	5.69
9	3.62	12.04	5.16	8.03	4.14	5.80	10.44	4.82	**7.09**	5.62
10	1.75	5.96	2.52	3.97	2.00	2.84	**5.16**	2.38	3.47	2.78

表 6.4 　　　　　　指派成本 $\omega_{ij}^{(0)}$（$= \omega'^{(0)}_{ij}$），OPV = 51.86

$j \backslash J_i$	J_1	J_2	J_3	J_4	J_5	J_6	J_7	J_8	J_9	J_{10}
1	**3.15**	8.93	7.68	10.85	13.68	12.15	20.28	15.93	25.41	20.44
2	2.56	**8.33**	6.69	10.12	11.11	10.58	18.92	14.86	22.12	19.07
3	2.27	8.00	6.17	**9.72**	9.84	9.75	18.17	14.27	20.40	18.31
4	2.08	7.77	**5.82**	9.45	9.03	9.21	17.65	13.87	19.26	17.79
5	3.89	8.94	4.64	5.96	4.44	3.91	6.64	**4.60**	5.58	4.77
6	3.68	8.78	4.47	5.85	4.21	3.77	6.51	4.51	5.38	**4.68**
7	3.51	8.64	4.34	5.76	4.02	**3.66**	6.42	4.45	5.22	4.61
8	3.38	8.53	4.22	5.69	3.86	3.56	6.34	**5.08**	4.39	4.55
9	3.26	8.43	4.12	5.62	**3.72**	3.48	6.26	4.33	4.96	4.50
10	1.58	4.17	2.02	2.78	1.80	1.70	**3.10**	2.14	2.43	2.22

现考虑式（6.18）中资源相关的部分成本：$K_2(u) = \beta(n - m)\left[t_0 - \right.$

$\tau(u)] + g(u)$。其最小值计算如下：当 $m=0$ 时，$K_2(u) = \frac{1}{4}(u^2 - 11u +$

$88)$，最小值是 $K_2(5.5) = 14.44$；当 $m=8$ 时，$K_2(u) = \frac{1}{4}(u^2 - 2.2u +$

$17.6)$，最小值是 $K_2(1.1) = 4.10$；当 $m=9$ 时，$K_2(u) = \frac{1}{4}(u^2 - 1.1u +$

$8.8)$，最小值是 $K_2(0.55) = 2.12$。

表 6.5 　　　　　　　　指派成本 $\omega_{ij}^{(8)}$，**OPV** $= 76.27$

$j \backslash J_i$	J_1	J_2	J_3	J_4	J_5	J_6	J_7	J_8	J_9	J_{10}
1	**4.20**	14.25	10.40	16.50	16.00	21.15	35.10	18.30	37.40	26.25
2	3.41	**13.30**	9.05	15.40	13.00	18.41	32.75	17.07	32.56	24.49
3	3.02	12.77	8.35	**14.78**	11.51	16.98	31.45	16.40	30.02	23.52
4	2.77	12.41	**7.88**	14.36	10.56	16.03	30.56	15.93	28.34	22.85
5	4.75	14.05	6.38	9.36	5.43	7.18	12.17	**5.62**	8.77	6.56
6	4.50	13.79	6.15	9.20	5.14	6.92	**11.95**	5.52	8.46	6.44
7	4.29	13.58	5.96	9.05	4.91	**6.71**	11.77	5.43	8.20	6.34
8	4.13	13.40	5.81	8.93	**4.72**	6.53	11.62	5.36	7.98	6.25
9	16.29	37.93	16.50	19.67	11.17	8.70	12.52	6.50	4.96	**2.25**
10	15.79	37.53	16.15	19.46	10.83	8.52	12.39	6.43	**4.86**	2.22

表 6.6 　　　　　　　　指派成本 $\omega_{ij}^{(9)}$，**OPV** $= 73.99$

$j \backslash J_i$	J_1	J_2	J_3	J_4	J_5	J_6	J_7	J_8	J_9	J_{10}
1	**3.85**	13.50	10.00	16.00	15.60	20.70	34.45	18.00	36.85	25.90
2	3.13	**12.60**	8.71	14.93	12.67	18.02	32.14	16.79	32.08	24.17
3	2.77	12.10	8.03	**14.34**	11.22	16.62	30.87	16.13	29.58	23.21
4	2.54	11.75	**7.58**	13.93	10.29	15.69	29.99	15.67	27.93	22.55
5	4.54	13.41	6.09	8.94	5.18	6.85	11.62	**5.36**	8.37	6.26
6	4.29	13.17	5.87	8.78	4.91	6.60	**11.41**	5.27	8.07	6.14
7	4.10	12.96	5.69	8.64	4.69	**6.40**	11.24	5.19	7.83	6.05
8	3.94	12.79	5.54	8.53	**4.50**	6.23	11.09	5.12	7.62	5.97
9	18.29	54.79	20.88	28.50	12.62	14.79	21.39	7.47	7.44	**3.09**
10	15.79	37.53	16.15	19.46	10.83	8.52	12.39	6.43	**4.86**	2.22

因此，得到对应 $m=10$，$m=0$，$m=8$ 和 $m=9$ 的局部最优值，分别

是 70.17，51.86 + 14.44 = 66.30，76.27 + 4.10 = 80.37 和 73.99 + 2.12 = 76.11。所以，全局最小值是 66.30。对应的 $m = 0$，即在零时刻进行 rm 活动，调度序列为 $(rm, J_1, J_2, J_4, J_3, J_8, J_{10}, J_6, J_9, J_5, J_7)$。指派给 rm 活动的最优资源量是 $u^* = 5.5$。在这种情况下，提交时间窗口的开始时间和结束时间分别为：

$$d = C_{[4]} = t_0 - \tau(u^*) + \sum_{j=1}^{4} \gamma_i p_{i[j]} = 28.47$$

$$d + D = C_{[8]} = t_0 - \tau(u^*) + \sum_{j=1}^{8} \gamma_i p_{i[j]} = 46.49$$

算例 6.2 假设 $\phi(r) = 1 + \dfrac{r}{1+r}$，其他数据同算例 6.1。

解：依据算例 6.1 的解，此处也要考虑四种情况：$m = 0$，$m = 8$，$m = 9$ 和 $m = 10$，其中 $m = 0$ 和 $m = 10$ 与算例 6.1 对应的情况一样。

表 6.7 　　　　　　 指派成本 $\omega'^{(8)}_{ij}$，OPV = 70.05

$j \setminus J_i$	J_1	J_2	J_3	J_4	J_5	J_6	J_7	J_8	J_9	J_{10}
1	**3.50**	12.75	9.60	15.50	15.20	20.25	33.80	17.70	36.30	25.55
2	2.84	**11.90**	8.36	14.46	12.35	17.63	31.54	16.51	31.60	23.84
3	2.52	11.42	7.71	**13.89**	10.93	16.26	30.28	15.86	29.14	22.89
4	2.31	11.10	**7.28**	13.49	10.03	15.35	29.42	15.41	27.51	22.24
5	4.32	12.77	5.80	8.51	4.94	6.52	11.07	**5.11**	7.97	5.96
6	4.09	12.54	5.59	8.36	4.67	6.29	**10.87**	5.02	7.69	5.85
7	3.90	12.35	5.42	8.23	4.46	**6.10**	10.70	4.94	7.45	5.76
8	3.75	12.18	5.28	8.12	**4.29**	5.94	10.56	4.87	7.26	5.69
9	16.29	37.93	16.50	19.67	11.17	8.70	12.52	6.50	4.96	**2.25**
10	15.79	37.53	16.15	19.46	10.83	8.52	12.39	6.43	**4.86**	2.22

表 6.8 　　　　　　 指派成本 $\omega'^{(9)}_{ij}$，OPV = 70.61

$j \setminus J_i$	J_1	J_2	J_3	J_4	J_5	J_6	J_7	J_8	J_9	J_{10}
1	**3.50**	12.75	9.60	15.50	15.20	20.25	33.80	17.70	36.30	25.55
2	2.84	**11.90**	8.36	14.46	12.35	17.63	31.54	16.51	31.60	23.84
3	2.52	11.42	7.71	**13.89**	10.93	16.26	30.28	15.86	29.14	22.89

续表

$j \backslash J_i$	J_1	J_2	J_3	J_4	J_5	J_6	J_7	J_8	J_9	J_{10}
4	2.31	11.10	**7.28**	13.49	10.03	15.35	29.42	15.41	27.51	22.24
5	4.32	12.77	5.80	8.51	4.94	6.52	11.07	**5.11**	7.97	5.96
6	4.09	12.54	5.59	8.36	4.67	6.29	**10.87**	5.02	7.69	5.85
7	3.90	12.35	5.42	8.23	4.46	**6.10**	10.70	4.94	7.45	5.76
8	3.75	12.18	5.28	8.12	**4.29**	5.94	10.56	4.87	7.26	5.69
9	18.10	54.19	20.62	28.10	12.41	14.50	20.87	7.22	7.09	**2.81**
10	15.79	37.53	16.15	19.46	10.83	8.52	12.39	6.43	**4.86**	2.22

因此，只需要再分析 $m=8$ 和 $m=9$ 两种情况。对每一种情况，解对应的指派问题得最优序列如表 6.7 和表 6.8 中粗体数字标示。我们注意到，这两种情况获得的 OPV 值都大于算例 6.1 中全局最优值 66.30。因此，它也是本算例 6.2 的最优值，现在就不需要再进一步讨论了。需要指出的是，如果不像此处一样明显，则还需要进一步讨论式（6.23）中资源相关成本 $K_2(u)$。

6.7

本章小结

本章讨论了提交时间窗指派的单机调度问题，工件的加工时间是依赖于位置的，同时决策者可以选择对机器做一次称为效率调整的维护活动。维护活动可以提高机器的生产效率，体现在同一工件维护之后加工，所需加工时间是会缩短的。维护时长是可控的，即可以指派额外的资源来缩短维护的时长。同时维护还是退化的，即越往后执行维护活动，则需要越长的维护时间。

本章考虑了两种退化关系：时间依赖的退化和位置依赖的退化。并将这类共同提交时间窗指派问题按维护的退化关系划分为时间依赖的退化且可控维护模型和位置依赖的退化且可控的维护模型。目标是：（1）确定是否执行效率调整的维护活动；（2）若选择维护的话，进一步确定维护的开始时间和额外资源消费量；（3）给所有工件指定一个提交窗口；（4）找到工件的加工序列，使包含工件提前、工件延误、提交时间窗位置、提交时间窗长度及资源的总成本最小。针对这个问题，在分析最优解的结构性质基础上，提供了多项式时间的优化算法及计算实例。

第7章

总结与展望

7.1

本书工作总结

　　本书以含有可控时间参数的生产调度问题为研究对象，以工件的释放到机器运行与维护，再到工件的整个交付过程为主线，对存在某个或某些参量为成本依赖的这样一系列问题，进行了深入的、系统的分析，建立了调度问题的模型并提供了相应的优化算法。对于本书这些研究成果（结论），可概括总结如下：

　　（1）通过分析存在于易逝商品生产及化学加工工业中存在的工件过早释放，待加工需要等待成本的问题，提出了释放时间的 V – 型资源消费函数。这是对经典调度理论中含工件释放时间调度研究的拓展：在工件的准备和释放阶段，可以通过增加一定的资源消费来控制释放时间。书中分析了目标函数含时间表长、总完工时间和总释放成本的单机调度问题。将所考虑的问题区分为限制性问题和非限制性问题。本书分析结果显示，前者为 NP 难问题，后者是多项式可解的简单问题，并为其提供了求解算法。

（2）对含资源依赖的加工时间的生产调度中若干问题做了拓展性研究。

第一，针对加工时间线性可控的一种特殊情形，分析了平行机上时间表长问题的近似算法，这是经典 NP 难问题 $P_m \| C_{\max}$ 的推广。给出了给定工件划分时的最优压缩指派，构建了基于 LPT 规则和 LS 规则的两个两阶段近似算法，并分析了算法的绩效比。

第二，结合工件加工中的学习/退化效应，研究含可控加工时间的生产问题。

一是联合资源指派与加工位置来定义工件实际的加工时间，并且提出具有变量可分离的一般形式。在单机上考虑只与工件完工时间有关的一个目标函数和与提交时间有关的提交时间指派问题。对两个目标函数分别考虑了线性和凸的资源消费函数两种情形，给出了优化算法。

二是在凸资源指派理论中，大量含可控加工时间的调度研究文献涉及一般位置依赖工作负荷。本书在前人文献的基础上，归纳总结了平行机和单机上的四对共八个/类问题，给出了相应的多项式时间算法。

第三，针对机器运行过程中存在的因维护保养导致机器不可得的问题，并结合资源指派理论，研究机器带不可得时间窗且工件可控的单机调度问题。书中考虑了最大资源消费约束下最小化时间表长问题和最大时间表长约束下最小化总资源消费问题。证明了它们都是 NP 难问题，分别给出了近似算法，讨论了算法的最坏情况比的误差界。

（3）含机器维护的生产调度问题虽然得到了大量研究，但是维护时间可控的生产调度问题始终未有涉及。本书将资源指派理论引入效率调整活动的维护情形，分析了时间表长问题、流水时间问题、最大延误问题和提交时间指派问题。对每一个问题，本书提供了相应的优化算法。

（4）与精益生产的理念相对应的调度理论是准时制调度理论。上述的两个提交时间指派问题即是属于此范畴。而本书在考虑准时制调度中提交时间窗指派问题时，结合了退化且可控的机器维护活动。研究了两种退化关系：时间依赖的退化和位置依赖的退化，同时结合了位置依赖的工件加工时间。在这样一种集成调度环境下，分析了最优解的性质，提供了获得问题最优解的算法，给出了验证实例。

7.2

有待进一步研究的问题

本书建立了若干模型描述含可控时间参数的调度问题，并分析了相应的优化算法，取得了一些研究成果。但是，其中一些问题研究还不完善。另外，由于实际生产环境的复杂性导致其难以刻画，而大部分调度优化问题本身求解也异常困难。所以，还有大量的含可控时间的生产调度优化问题有待研究，下面给出的几个方面值得进一步探讨。

（1）由于本书给出含可控释放时间的限制性问题是 NP 难问题，所以进一步的研究可以集中在寻找有效的近似算法处理该问题。另外，本书考虑的是 V - 型的资源依赖的释放时间，探寻更一般的且与实际生产相吻合的资源依赖函数也是有趣且值得考虑的问题。

（2）本书在讨论同型机上工件加工时间线性可控的时间表长问题，给出的两阶段近似算法的近似比是依赖于工件数据的，即它们依赖于数

值 λ 和 μ。因此，需要先确定数值 λ 和 μ，才能得到算法的最大近似比。进一步的研究可以考虑获得不依赖数据的近似比，或提供具有更紧最坏情况比的启发式算法或多项式时间的近似策略（polynomial time approximation scheme，PTAS）。

（3）本书综合考虑加工时间可控性与机器可得性时，对于总资源消费问题的算法 3.6，提供的误差界不知是否是紧的。所以，找到的实例或提高该算法的近似分析是后续值得研究的。此外，将问题推广到其他更一般的机器可得性约束（如周期维护），或其他资源消费关系（如线性关系）也是富有挑战性的。

（4）在凸资源消费函数情形下，本书讨论含一般位置依赖工作负荷的问题时，考虑了在某个成本约束下最小化另一个成本的一般模型。今后可以考虑推广这一问题到线性资源消费函数，或涉及两成本的帕累托最优问题。

（5）本书讨论了含效率调整活动，且维护时长可控的若干问题。进一步的研究可关注于其他的目标函数或其他的可控维护类型，例如，工件更换、周期维护等维护类型。另一个有趣的方向是在多机器环境下考虑带可控维护的调度问题。此外，还可进一步考虑工件的加工时间也是依赖于资源的带维护的调度问题，维护和机器还可以是其他类型的集成调度模型和相关优化算法。

（6）我们注意到，本书在结合可控加工时间或可控的维护时间时研究的含可控提交时间的 JIT 调度问题时，只考虑了两种情形，即共同提交时间指派和共同提交时间窗指派。如果考虑其他的更复杂的提交时间（窗）指派问题，结合可控加工时间或结合机器的维护问题，也是有趣而具有挑战性的。

参 考 文 献

［1］2014 年工业和信息化部十件大事［EB/OL］. 电子信息产业网，2015 - 02 - 02.

［2］柏孟卓，唐恒永. 几类任务到达时间受资源约束的单机排序问题［J］. 运筹与管理，2003，12（2）：60 - 62.

［3］程丛电，程从沈，唐恒永. 一类资源约束排序问题［J］. 数学的实践与认识，2003，33（10）：33 - 40.

［4］堵丁柱，胡晓东，葛可一. 近似算法的设计与分析［M］. 北京：高等教育出版社，2011.

［5］高文军，王吉波，王晓远，等. 工件加工时间是开工时间线性函数的单机排序问题［J］. 数学的实践与认识，2009，39（3）：146 - 153.

［6］蒋志高. 考虑多阶段维护且加工时间可变的车间作业调度问题研究［D］. 上海：上海交通大学，2011.

［7］金霁. 加工时间是开工时间线性分段函数的单机总误工问题［J］. 数学的实践与认识，2012，42（10）：222 - 229.

［8］李凯，马英，史烨. 具有凸资源消耗函数的最小化 Makespan 的平行机调度问题［J］. 管理工程学报，2013，27（1）：56 - 62.

［9］李凯，杨善林，罗庆. 释放时间具有凸减函数约束的单机调度问题［J］. 系统工程理论与实践，2013，33（6）：1516 - 1522.

［10］刘民，吴澄. 制造过程智能优化调度算法及其应用［M］. 北

京：国防工业出版社，2008.

[11] 罗文昌．两类新型排序问题：算法设计与分析［D］．杭州：浙江大学，2011.

[12] 马英．考虑维护时间的机器调度问题研究［D］．合肥：合肥工业大学，2010.

[13] 史烨，左春荣，李凯．加工时间依赖于资源消耗量的平行机调度问题［J］．系统工程理论与实践，2012，32（7）：1485 – 1493.

[14] 孙凯彪．一类具有多阶段维护及可修复维护调度问题研究［D］．北京：北京师范大学，2008.

[15] 唐恒永，赵琨，赵传立．一类加工时间依赖资源的排序问题［J］．系统工程，2004，22（7）：9 – 12.

[16] 唐恒永，赵琨．带有资源消耗的加权总完工时间单机排序问题［J］．系统工程与电子技术，2004，13（11）：48 – 51.

[17] 唐恒永．排序引论［M］．北京：科学出版社，2002.

[18] 王杜娟，刘锋，王建军，等．加工时间可控单机加权总完工时间 Pareto 优化研究［J］．运筹与管理，2016，25（1）：35 – 45.

[19] 王吉波，唐恒永．一类资源约束排序问题 $1 \mid p_j = b_j - a_j u_j, \sum w_j C_j \leqslant A \mid \sum u_j$［J］．辽宁大学学报（自然科学版），2001（4）：23 – 25.

[20] 王吉波．具有优先约束和加工时间依赖开工时间的单机排序问题［J］．中国管理科学，2005，13（2）：51 – 55.

[21] 吴爽，唐恒永．加工时间依赖于开工时间的单机排序问题［J］．沈阳师范大学学报（自然科学版），2005，23（2）：108 – 111.

[22] 徐德华．有维护要求的一些单机和平行机调度问题研究［D］．北京：北京师范大学，2009.

[23] 徐开亮．生产任务加工时间可控条件下的生产调度问题研究

［D］. 西安：西安交通大学，2010.

　　［24］宣竞. 带周期性维护时间的平行机排序问题研究［D］. 杭州：浙江大学，2007.

　　［25］余建军，周铭新，张定超. 生产调度研究综述［J］. 机械设计与制造工程，2009，38（17）：13－17.

　　［26］张丽华，涂奉生. 带有可控性维护的单机调度问题研究［C］. In：中国过程控制会议，2004.

　　［27］赵传立，唐恒永. 一类资源约束单机排序问题［J］. 系统工程学报，2004，19（5）：451－456.

　　［28］赵玉芳，赵传立. 一类资源约束排序问题 $1 \mid p_j = b_j - a_j u_j$, $\sum u_j \leqslant U \mid \sum W_j C_j$［J］. 沈阳师范大学学报（自然科学版），1999（1）：7－12.

　　［29］政府工作报告：2015 年 3 月 5 日在第十二届全国人民代表大会第三次会议上［EB/OL］. 中华人民共和国中央人民政府，2015－03－16.

　　［30］Adiri, Igal, Bruno, et al. Single machine flow－time scheduling with a single breakdown［J］. Acta Informatica, 1989, 26（7）：679－696.

　　［31］Agnetis, Alessandro, Briand, et al. Nash equilibria for the multi－agent project scheduling problem with controllable processing times［J］. Journal of Scheduling, 2015, 18（1）：15－27.

　　［32］Akturk M. , Selim, Ghosh, et al. Scheduling with tool changes to minimize total completion time：A study of heuristics and their performance［J］. Naval Research Logistics, 2003, 50（1）：15－30.

　　［33］Akturk M. , Selim, Ghosh, et al. Scheduling with tool changes to minimize total completion time：Basic results and SPT performance［J］. European Journal of Operational Research, 2004, 157（3）：784－790.

［34］ Alidaee B. , Womer N K. , et al. Scheduling with time dependent processing times: review and extensions ［J］. Journal of the Operational Research Society, 1999, 50 (7): 711 – 720.

［35］ Alidaee, Bahram, Ahmadian, et al. Two parallel machine sequencing problems involving controllable job processing times ［J］. European Journal of Operational Research, 1993, 70 (3): 335 – 341.

［36］ Armstrong R. , Gu S. , Lei L. Solving a Class of Two – Resource Allocation Problem by Equivalent Load Method ［J］. Journal of the Operational Research Society, 1997, 48 (8): 818 – 825.

［37］ Bachman A. , Janiak A. Scheduling jobs with position – dependent processing times ［J］. Journal of the Operational Research Society, 2004, 55 (3): 257 – 264.

［38］ Badiru, Adedeji Bodunde. Project management in manufacturing and high technology operations ［M］. John Wiley & Sons, 1996.

［39］ Biskup, Dirk, Cheng T. C. E. Multiple – machine scheduling with earliness, tardiness and completion time penalties ［J］. Engineering Optimization, 1999, 31 (3): 329 – 336.

［40］ Biskup, Dirk, Cheng T. C. E. Single – machine scheduling with controllable processing times and earliness, tardiness and completion time penalties ［J］. Engineering Optimization, 1999, 31 (3): 329 – 336.

［41］ Biskup, Dirk, Jahnke, Hermann. Common due date assignment for scheduling on a single machine with jointly reducible processing times ［J］. International Journal of Production Economics, 2001, 69 (3): 317 – 322.

［42］ Biskup, Dirk. A state – of – the – art review on scheduling with learning effects ［J］. European Journal of Operational Research, 2008, 188 (2): 315 – 329.

［43］Biskup, Dirk. Single – machine scheduling with learning considera-tions ［J］. European Journal of Operational Research, 1999, 115 (1): 173 – 178.

［44］Blazewicz, Jacek, Ecker, et al. Handbook on Scheduling: Mod – els and Methods for Advanced Planning (International Handbooks on Informa-tion Systems) ［M］. Springer – Verlag New York, Inc. , 2007.

［45］Bock, Stefan, Briskorn, et al. Scheduling flexible maintenance activities subject to job – dependent machine deterioration ［J］. Journal of Scheduling, 2012, 15 (5): 565 – 578.

［46］Brucker, Peter. Scheduling algorithms ［M］. Springer, 2007.

［47］Burkard, Rainer E, Klinz, et al. Perspectives of Monge properties in optimization ［J］. Discrete Applied Mathematics, 1996, 70 (2): 95 – 161.

［48］Cao, Zhigang, Wang, et al. On Several Scheduling Problems with Rejection or Discretely Compressible Processing Times ［M］. Springer Berlin Heidelberg, 2006: 90 – 98.

［49］Chen, Bo, Potts, et al. A review of machine scheduling: Com-plexity, algorithms and approximability ［EB/OL］. 1999.

［50］Chen, Jen – Shiang. Scheduling of non – resumable jobs and flexi-ble maintenance activities on a single machine to minimize makespan ［J］. Eu-ropean Journal of Operational Research, 2008, 190 (1): 90 – 102.

［51］Chen, Jen – Shiang. Single – machine scheduling with flexible and periodic maintenance ［J］. Journal of the Operational Research Society, 2006, 57 (6): 703 – 710.

［52］Chen, Zhi – Long, Lu, et al. Single machine scheduling with dis – cretely controllable processing times ［J］. Operations Research Letters, 1997, 21 (2): 69 – 76.

[53] Chen, Zhi – Long. Simultaneous Job Scheduling and Resource Allocation on Parallel Machines [J]. Annals of Operations Research, 2004, 129 (1 – 4): 135 – 153.

[54] Cheng T. C. E., Chen Z. L., Li, et al. Single – machine scheduling with trade – off between number of tardy jobs and resource allocation [J]. Operations Research Letters, 1996, 19 (5): 237 – 242.

[55] Cheng T. C. E., Chen, Zhi – Long, et al. Scheduling to minimize the total compression and late costs [J]. Naval Research Logistics, 1998, 45 (1): 67 – 82.

[56] Cheng T. C. E., Ding, Qing, et al. A concise survey of scheduling with time – dependent processing times [J]. European Journal of Operational Research, 2004, 152 (1): 1 – 13.

[57] Cheng T. C. E., Gupta M. C. Survey of scheduling research involving due date determination decisions [J]. European Journal of Operational Research, 1989, 38 (2): 156 – 166.

[58] Cheng T. C. E., Janiak, Adam, et al. Bicriterion Single Machine Scheduling with Resource Dependent Processing Times [M]. Society for Industrial and Applied Mathematics, 1998: 243 – 249.

[59] Cheng T. C. E., Janiak, Adam, et al. Single machine batch scheduling with deadlines and resource dependent processing times [J]. Operations Research Letters, 1995, 17 (5): 243 – 249.

[60] Cheng T. C. E., Janiak, Adam, et al. Single machine batch scheduling with resource dependent setup and processing times [J]. European Journal of Opera – tional Research, 2001, 135 (1): 177 – 183.

[61] Cheng T. C. E., Janiak, Adam. Resource optimal control in some single – machine scheduling problems [J]. Automatic Control, IEEE

Transactions on, 1994, 39 (6): 1243 – 1246.

［62］Cheng T. C. E., Kovalyov M. Y. Batch Scheduling with Controllable Setup and Processing Times to Minimize Total Completion Time ［J］. Journal of the Operational Research Society, 2003, 54 (5): 499 – 506.

［63］Cheng T. C. E., Kovalyov, Mikhail Y. An unconstrained optimization problem is NP – hard given an oracle representation of its objective function: a technical note ［J］. Computers & Operations Research, 2002, 29 (14): 2087 – 2091.

［64］Cheng T. C. E., Oguz C, Qi X. D. Due – date assignment and single machine schedul – ing with compressible processing times ［J］. International Journal of Production Economics, 1996, 43 (2): 107 – 113.

［65］Cheng T. C. E., Shakhlevich, Natalia V. Single Machine Scheduling of Unittime Jobs with Controllable Release Dates ［J］. Journal of Global Optimization, 2003, 27 (2 – 3): 293 – 311.

［66］Cheng T. C. E., Shakhlevich, Natalia. Proportionate flow shop with controllable processing times ［J］. Journal of Scheduling, 1999, 2 (6): 253 – 265.

［67］Cheng T. C. E., Yang, Suh – Jenq, et al. Common due – window assignment and scheduling of linear time – dependent deteriorating jobs and a deteriorating mainte – nance activity ［J］. International Journal of Production Economics, 2012, 135 (1): 154 – 161.

［68］Cheng T. C. E., Chen, Zhi – Long, et al. Parallel – machine scheduling with controllable processing times ［J］. IIE transactions, 1996, 28 (2): 177 – 180.

［69］Cheng T. C. E., Kovalyov, Mikhail Y., et al. Scheduling with controllable release dates and processing times: Makespan minimization ［J］.

European Journal of Operational Research, 2006, 175 (2): 751 – 768.

[70] Cheng T. C. E., Kovalyov, Mikhail Y., et al. Scheduling with controllable release dates and processing times: Total completion time minimization [J]. European Journal of Operational Research, 2006, 175 (2): 769 – 781.

[71] Chenga T. C. E, Linb B. M. T. A concise survey of scheduling with time – dependent processing times [J]. European Journal of Operational Research, 2004, 152 (1): 1 – 13.

[72] Choi, Byung – Cheon, Leung, et al. Complexity of a scheduling problem with controllable processing times [J]. Operations Research Letters, 2010 (38): 123 – 126.

[73] Choi, Byung – Cheon, Yoon, et al. Single machine schedul – ing problem with controllable processing times and resource dependent release times [J]. European Journal of Operational Research, 2007, 181 (2): 645 – 653.

[74] Choi, Byung – Cheon, Yoon, et al. Single machine scheduling problems with resource dependent release times [J]. Computers & Operations Research, 2007, 34 (7): 1988 – 2000.

[75] Daniels, Richard L. A multi – objective approach to resource allocation in single machine scheduling [J]. European Journal of Operational Research, 1990, 48 (2): 226 – 241.

[76] Daniels, Richard L., Sarin, et al. Single Machine Scheduling with Controllable Processing Times and Number of Jobs Tardy [J]. Operations Research, 1989, 37 (6): 981 – 984.

[77] Dolgui, Alexandre, Gordon, et al. Single machine scheduling with precedence constraints and positionally dependent processing times [J]. Com-

puters & Operations Research, 2012, 39 (6): 1218 – 1224.

[78] Dvir, Shabtay, Moshe, et al. Minimizing the makespan in open – shop scheduling problems with a convex resource consumption function [J]. Naval Research Logistics, 2010, 53 (3): 204 – 216.

[79] Feng, Chen, Zhang, et al. Semidefinite relaxation algorithm for single machine scheduling with controllable processing times [J]. 数学年刊 B 辑（英文版），2005, 26 (1): 153 – 158.

[80] Ganggang, Niu, Shudong, et al. A decomposition approach to job – shop scheduling problem with discretely controllable processing times [J]. 中国科学：技术科学，2011, 54 (5): 1240 – 1248.

[81] Gawiejnowicz, Stanislaw. Time – dependent scheduling [M]. Springer, 2008.

[82] Gordon V. S. , Strusevich V. , Dolgui A. Scheduling with due date assignment under special conditions on job processing [J]. Journal of Scheduling, 2012, 15 (4): 447 – 456.

[83] Gordon, Valery, Proth, et al. A survey of the state – of – the – art of common due date assignment and scheduling research [J]. European Journal of Operational Research, 2002, 139 (1): 1 – 25.

[84] Gordon, Valery, Proth, et al. Due date assignment and scheduling: SLK, TWK and other due date assignment models [J]. Production Planning & Control, 2002, 13 (2): 117 – 132.

[85] Gordon, Valery, Strusevich, et al. Scheduling with due date assignment under special conditions on job processing [J]. Journal of Scheduling, 2012, 15 (4): 447 – 456.

[86] Gordon, Valery, Tarasevich, et al. A note: Common due date assignment for a single machine scheduling with the rate – modifying activity

[J]. Computers & Operations Research, 2009, 36 (2): 325 – 328.

［87］Grabowski, Józef, Janiak, et al. Job – shop scheduling with re-source – time models of operations ［J］. European Journal of Operational Re-search, 1987, 28 (1): 58 – 73.

［88］Graham, Ronald L. Bounds for certain multiprocessing anomalies ［J］. Bell System Technical Journal, 1966, 45 (9): 1563 – 1581.

［89］Graham, Ronald L. Bounds on multiprocessing timing anomalies ［J］. SIAM journal on Applied Mathematics, 1969, 17 (2): 416 – 429.

［90］Graham, Ronald L. , Lawler, et al. Optimization and approxima-tion in deterministic sequencing and scheduling: A survey ［J］. Annals of dis-crete mathematics, 1979 (5): 287 – 326.

［91］Grigoriev, Alexander, Sviridenko, et al. LP Rounding and an Al-most Harmonic Algorithm for Scheduling with Resource Dependent Processing Times ［M］. Springer Berlin Heidelberg, 2006: 140 – 151.

［92］Grigoriev, Alexander, Sviridenko, et al. Machine scheduling with resource dependent processing times ［J］. Mathematical Programming, 2007, 110 (1): 209 – 228.

［93］Grigoriev, Alexander, Uetz, et al. Scheduling jobs with time – re-source tradeoff via nonlinear programming ［J］. Discrete Optimization, 2009, 6 (4): 414 – 419.

［94］Gupta, Jatinder N. D. , Lauff, et al. Heuristics for hybrid flow shops with controllable processing times and assignable due dates ［J］. Com-puters & Operations Research, 2002, 29 (10): 1417 – 1439.

［95］Hall, Nicholas G. , Kubiak, et al. Earliness – tardiness schedul-ing problems, II: Deviation of completion times about a restrictive common due date ［J］. Operations Research, 1991, 39 (5): 847 – 856.

［96］Hardy, Godfrey Harold, Littlewood, et al. Inequalities ［M］. Cambridge university press, 1952.

［97］Hassin, Refael, Shani, et al. Machine scheduling with earliness, tardiness and non – execution penalties ［J］. Computers & Operations Research, 2005, 32 (3): 683 – 705.

［98］He Y. , Ji M. , Cheng T. C. E. Single machine scheduling with a restricted rate – modifying activity ［J］. Naval Research Logistics, 1989, 52 (4): 361 – 369.

［99］He, Yong, Wei, et al. Single – machine scheduling with trade – off between number of tardy jobs and compression cost ［J］. Journal of Scheduling, 2007, 10 (4 – 5): 303 – 310.

［100］Hoogeveen H. , Woeginger G. J. Some Comments on Sequencing with Controllable Processing Times ［J］. Computing, 2002, 68 (2): 181 – 192.

［101］Hoogeveen J. A. , Velde S. L. , Van De. Scheduling with target start times ［J］. European Journal of Operational Research, 2001, 129 (1): 87 – 94.

［102］Hoogeveen J. A. , Van de Velde, S. L. Scheduling around a small common due date ［J］. European Journal of Operational Research, 1991, 55 (2): 237 – 242.

［103］Hsu C. J. , Yang S. J. , Yang D. L. Two due date assignment problems with position – dependent processing time on a single – machine ［J］. Computers & Industrial Engineering, 2011, 60 (4): 796 – 800.

［104］Hsu, Chou Jung, Yang, et al. Unrelated parallel – machine scheduling with position – dependent deteriorating jobs and resource – dependent processing time ［J］. Optimization Letters, 2014, 8 (2): 519 – 531.

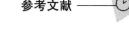

［105］Jackson J. R. An extension of Johnson's result on job lot scheduling ［J］. Naval Research Logistics Quarterly, 1956 (3): 201 – 203.

［106］Jackson J. R. Scheduling a production line to minimize maximum tardiness ［J］. Cal – Ifornia Univ Los Angeles Numerical Analysis Research, Technical Report, 1955.

［107］Janiak, Adam, Janiak, et al. Resource management in machine scheduling problems: A survey ［J］. Decision Making in Manufacturing and Services, 2007, 1 (1 – 2): 59 – 89.

［108］Janiak, Adam, Kovalyov, et al. Single machine group scheduling with resource dependent setup and processing times: Logistics: From theory to application ［J］. Iie Transactions, 2005, 162 (1): 112 – 121.

［109］Janiak, Adam, Kovalyov, et al. Single machine scheduling subject to deadlines and resource dependent processing times ［J］. European Journal of Operational Research, 1996, 94 (2): 284 – 291.

［110］Janiak, Adam, Kovalyov, et al. Positive half – products and scheduling with controllable processing times ［J］. European Journal of Operational Research, 2005, 165 (2): 416 – 422.

［111］Janiak, Adam, Li, et al. Scheduling to minimize the total weighted completion time with a constraint on the release time resource consumption ［J］. Mathematical and Computer Modelling, 1994, 20 (2): 53 – 58.

［112］Janiak, Adam. Minimization of the blooming mill standstills – mathematical model, suboptimal algorithms ［J］. Mechanika, 1989, 8 (2): 37 – 49.

［113］Janiak, Adam. Single machine scheduling problem with a common deadline and resource dependent release dates ［J］. European Journal of Operational Research, 1991, 53 (3): 317 – 325.

[114] Janiak, Adam. Single machine sequencing with linear models of release dates [J]. Naval Research Logistics, 1998, 45 (1): 99 – 113.

[115] Janiak, Adam. Time – optimal control in a single machine problem with resource constraints [J]. Automatica, 1986, 22 (6): 745 – 747.

[116] Jansen, Klaus, Mastrolilli, et al. Approximation schemes for parallel machine scheduling problems with controllable processing times [J]. Computers & Operations Research, 2004, 31 (10): 1565 – 1581.

[117] Janssen M. C. , Verbeek R. J. D. , Volgenant A. On scheduling a single machine with resource dependent release times [J]. Computers & Operations Research, 2011, 38 (3): 713 – 716.

[118] Ji, Min, Ge, et al. Single – machine due – window assignment and scheduling with resource allocation, aging effect, and a deteriorating rate – modifying activity [J]. Computers & Industrial Engineering, 2013, 66 (4): 952 – 961.

[119] Ji, Min, Yao, et al. Single – machine common flow allowance scheduling with aging effect, resource allocation, and a rate – modifying activity [J]. International Transactions in Operational Research, 2015, 22 (6): 997 – 1015.

[120] Johnson S. M. Optimal two – and three – stage production schedules with setup times included [J]. Naval Research Logistics Quarterly, 1954 (1): 61 – 68.

[121] Johnson, David S. Computers and intractability: A Guide To The Theory Of NP – Completeness [M]. W. H. Freeman, 1979.

[122] Johnson, David S. , Demers, et al. Worst – case performance bounds for simple one – dimensional packing algorithms [J]. SIAM Journal on Computing, 1974, 3 (4): 299 – 325.

［123］ Józefowska, Joanna. Just – in – time scheduling: Models and algorithms for computer and manufacturing systems ［M］. Springer, 2007.

［124］ Kanet, John J. Minimizing variation of flow time in single machine systems ［J］. Management Science, 1981, 27 (12): 1453 – 1459.

［125］ Kanet J. J. Minimizing the average deviation of job completion times about a common due date ［J］. Naval Research Logistics, 1981, 28 (4): 643 – 651.

［126］ Kaspi, Moshe, Shabtay, et al. Convex resource allocation for minimizing the makespan in a single machine with job release dates ［J］. Computers & Operations Research, 2004, 31 (9): 1481 – 1489.

［127］ Kayvanfar, Vahid, Komaki, et al. Minimizing total tardiness and earliness on unrelated parallel machines with controllable processing times ［J］. Computers & Operations Research, 2014, 41 (1): 31 – 43.

［128］ Kayvanfar, Vahid, Mahdavi, et al. Single machine scheduling with controllable processing times to minimize total tardiness and earliness ［J］. Computers & Industrial Engineering, 2013, 65 (1): 166 – 175.

［129］ Kellerer, Hans. An approximation algorithm for identical parallel machine scheduling with resource dependent processing times ［J］. Operations Research Letters, 2008, 36 (2): 157 – 159.

［130］ Kubzin M. A., Strusevich V. A. Planning machine maintenance in two – machine shop scheduling ［J］. Operations Research, 2006, 54 (4): 789 – 800.

［131］ Kuhn, Harold W. The hungarian method for the assignment problem ［J］. Naval Research Logistics (NRL), 1955, 2 (1 – 2): 83 – 97.

［132］ Lauff, Volker, Werner, et al. Scheduling with common due date, earliness and tardiness penalties for multimachine problems: A survey

[J]. Mathematical and Computer Modelling, 2004, 40 (5): 637 –655.

［133］Lawler, Eugene L. Combinatorial optimization: networks and matroids ［M］. Courier Dover Publications, 1976.

［134］Lee C – Y, Leon V. J. Machine scheduling with a rate – modifying activity ［J］. European Journal of Operational Research, 2001, 128 (1): 119 –128.

［135］Lee, Chung – Yee, Chen, et al. Scheduling jobs and maintenance activities on parallel machines ［J］. Naval Research Logistics, 2000, 47 (2): 145 –165.

［136］Lee, Chung – Yee. Machine scheduling with an availability constraint ［J］. Journal of Global Optimization, 1996, 9 (3 –4): 395 –416.

［137］Lee, HsinTao, Yang, et al. Parallel machines scheduling with deterioration effects and resource allocations ［J］. Journal of the Chinese Institute of Industrial Engineers, 2012, 29 (8): 534 – 543.

［138］Lee, In Soo. Single machine scheduling with controllable processing times: a parametric study ［J］. International Journal of Production Economics, 1991, 22 (2): 105 – 110.

［139］Li, Chung – Lun, Sewell, et al. Scheduling to minimize release – time resource consumption and tardiness penalties ［J］. Naval Research Logistics, 1995, 42 (6): 949 –966.

［140］Li, Chung – Lun. Scheduling to minimize the total resource consumption with a constraint on the sum of completion times ［J］. European Journal of Operational Research, 1995, 80 (2): 381 –388.

［141］Li, Chung – Lun. Scheduling with resource – dependent release datesa comparison of two different resource consumption functions ［J］. Naval Research Logistics, 1994, 41 (6): 807 –819.

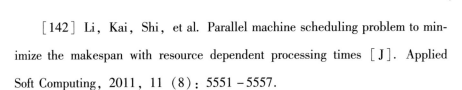

［142］Li, Kai, Shi, et al. Parallel machine scheduling problem to minimize the makespan with resource dependent processing times ［J］. Applied Soft Computing, 2011, 11 (8): 5551 – 5557.

［143］Liao C. J. , Chen W. J. Single – machine scheduling with periodic maintenance and non – resumable jobs ［J］. Computers & Operations Research, 2003, 30 (9): 1335 – 1347.

［144］Liman, Surya D. , Panwalkar, et al. A single machine scheduling problem with common due window and controllable processing times ［J］. Annals of Operations Research, 1997, 70 (70): 145 – 154.

［145］Liman, Surya D. , Panwalkar, et al. Common due window size and location determination in a single machine scheduling problem ［J］. Journal of the Operational Research Society, 1998, 49 (9): 1007 – 1010.

［146］Liman, Surya D. , Panwalkar, et al. Determination of common due window location in a single machine scheduling problem ［J］. European Journal of Operational Research, 1996, 93 (1): 68 – 74.

［147］Liman, Surya D. , Ramaswamy, et al. Earliness – tardiness scheduling problems with a common delivery window ［J］. Operations Research Letters, 1994, 15 (4): 195 – 203.

［148］Liu, Lu, Wang, et al. Single machine due – window assign – ment scheduling with resource – dependent processing times to minimise total resource consumption cost ［J］. International Journal of Production Research, 2016, 54 (4): 1 – 10.

［149］Liu, Yuelei, Feng, et al. Two – machine no – wait flow shop scheduling with learning effect and convex resource – dependent processing times ［J］. Computers & Industrial Engineering, 2014 (75): 170 – 175.

［150］Lodree Jr, Emmett J. , Geiger, et al. A note on the optimal sequence position for a rate – modifying activity under simple linear deterioration [J]. European Journal of Operational Research, 2010, 201 (2): 644 – 648.

[151] Lu, Yuan Yuan, Li, Gang, et al. Optimal due – date assignment problem with learning effect and resource – dependent processing times [J]. Optimization Letters, 2014, 8 (1): 113 – 127.

[152] Luo, Wenchang, Chen, et al. Approximation algorithms for scheduling with a variable machine maintenance [EB/OL]. 2010.

[153] Luo, Wenchang, Cheng T. C. E., et al. Single – machine scheduling with a variable maintenance activity [J]. Computers & Industrial Engineering, 2015 (79): 168 – 174.

[154] Luo, Wenchang, Ji, et al. Scheduling a variable maintenance and linear deteriorating jobs on a single machine [J]. Information Processing Letters, 2015 (115): 33 – 39.

[155] Luo, Wenchang, Liu, et al. On single – machine scheduling with workload – dependent maintenance duration [J]. Omega, 2016 (68).

[156] Mastrolilli, Monaldo. A linear time approximation scheme for the single machine scheduling problem with controllable processing times [J]. Journal of Algorithms, 2006, 59 (1): 37 – 52.

[157] Mastrolilli, Monaldo. Notes on Max Flow Time Minimization with Controllable Processing Times [J]. Computing, 2003, 71 (4): 375 – 386.

[158] Monma, Clyde L., Schrijver, et al. Convex resource allocation problems on directed acyclic graphs: duality, complexity, special cases, and extensions [J]. Mathematics of Operations Research, 1990, 15 (4): 736 – 748.

[159] Mor, Baruch, Mosheiov, et al. Batch scheduling of identical jobs with controllable processing times [J]. Computers & Operations Research,

2014 (41): 115 – 124.

[160] Mosheiov, Gur, Oron, et al. Due – date assignment and mainte-nance activity scheduling problem [J]. Mathematical and Computer Modelling, 2006, 44 (11): 1053 – 1057.

[161] Mosheiov, Gur, Oron D. Minimizing the number of tardy jobs on a proportionate flow shop with general position – dependent processing times [J]. Computers & Operations Research, 2012, 39 (7): 1601 – 1604.

[162] Mosheiov, Gur, Sarig, et al. A due – window assignment prob-lem with position – dependent processing times [J]. Journal of the Operational Research Society, 2008, 59 (7): 997 – 1003.

[163] Mosheiov, Gur, Sarig, et al. Scheduling a maintenance activity and due – window as – signment on a single machine [J]. Computers & Opera-tions Research, 2009, 36 (9): 2541 – 2545.

[164] Mosheiov, Gur, Sidney, et al. New results on sequencing with rate modification [J]. Infor, 2003, 41 (2): 155 – 163.

[165] Mosheiov, Gur, Sidney, et al. Scheduling a deteriorating main-tenance activity on a single machine [J]. Journal of the Operational Research Society, 2010, 61 (5): 882 – 887.

[166] Mosheiov, Gur, Sidney, et al. Scheduling with general job – de-pendent learning curves [J]. European Journal of Operational Research, 2003, 147 (3): 665 – 670.

[167] Mott, Joe L, Kandel, et al. Discrete mathematics for computer scientists & mathematicians [J]. 1986.

[168] Nearchou, Andreas C. Scheduling with controllable processing times and compression costs using population – based heuristics [J]. Interna-tional Journal of Production Research, 2010, 48 (23): 7043 – 7062.

［169］Ng C. T. Daniel, Cheng T. C. E. , Kovalyov, et al. Single machine scheduling with a variable common due date and resource – dependent processing times ［J］. Computers & Operations Research, 2003, 30 (8): 1173 – 1185.

［170］Ng C. T. , Cai X. , Cheng T. C. E. , et al. Minimizing Completion Time Variance with Compressible Processing Times ［J］. Journal of Global Optimization, 2005, 31 (2): 333 – 352.

［171］Ng C. T. , Cheng T. C. E. , Janiak, et al. Group scheduling with controllable setup and processing times: Minimizing total weighted completion time ［J］. Annals of Operations Research, 2005, 133 (1 – 4): 163 – 174.

［172］Ng C. T. Daniel, Cheng T. C. E. , Kovalyov, et al. Single machine batch scheduling with jointly compressible setup and processing times ［J］. European Journal of Operational Research, 2004, 153 (1): 211 – 219.

［173］Niu, Ganggang, Sun, et al. Two decompositions for the bicriteria job – shop scheduling problem with discretely controllable processing times ［J］. Interna – tional Journal of Production Research, 2012, 50 (24): 7415 – 7427.

［174］Nowicki, Eugeniusz, Zdrzałka, et al. A bi – criterion approach to preemptive scheduling of parallel machines with controllable job processing times ［J］. Discrete Applied Mathematics, 1995, 63 (3): 237 – 256.

［175］Nowicki, Eugeniusz, Zdrzałka, et al. A survey of results for sequencing problems with controllable processing times ［J］. Discrete Applied Mathematics, 1990, 26 (2): 271 – 287.

［176］Nowicki, Eugeniusz, Zdrzałka, et al. A two – machine flow shop scheduling problem with controllable job processing times ［J］. European Journal of Operational Research, 1988, 34 (2): 208 – 220.

［177］Nowicki, Eugeniusz. An approximation algorithm for a single –

machine scheduling problem with release times, delivery times and controllable processing times [J]. European Journal of Operational Research, 1994, 72 (1): 74 - 81.

[178] Oron, Daniel. Scheduling a batching machine with convex resource consumption functions [J]. Information Processing Letters, 2011, 111 (19): 962 - 967.

[179] Oron, Daniel. Scheduling controllable processing time jobs in a deteriorating environment [J]. Journal of the Operational Research Society, 2013, 65 (1): 49 - 56.

[180] Oron, Daniel. Scheduling controllable processing time jobs with position - dependent workloads [J]. International Journal of Production Economics, 2016, 173: 153 - 160.

[181] Oron D. Scheduling controllable processing time jobs in a deteriorating environment [J]. Journal of the Operational Research Society, 2014, 65 (1): 49 - 56.

[182] Panwalkar S. S. , Rajagopalan R. Single - machine sequencing with controllable processing times [J]. European Journal of Operational Research, 1992, 59 (2): 298 - 302.

[183] Panwalkar S. S. , Smith M. L. , Seidmann A. Common due date assignment to minimize total penalty for the one machine scheduling problem [J]. Operations Research, 1982, 30 (2): 391 - 399.

[184] Papadimitriou, Christos H. , Steiglitz, et al. Combinatorial optimization: algorithms and complexity [M]. Courier Dover Publications, 1998.

[185] Pinedo, Bymichaell. Planning and scheduling in manufacturing and services [M]. Springer New York, 2005.

［186］ Pinedo, Michael L. Scheduling: Theory, algorithms, and systems ［M］. Springer Science & Business Media, 2012.

［187］ Qi X. , Chen T. , Tu F. Scheduling the maintenance on a single machine ［J］. Journal of the Operational Research Society, 1999, 50 （10）: 1071 – 1078.

［188］ Roger Z. , Ríos – Mercado, Yasmín A. Ríos – Solís. Just – in – Time Systems ［M］. Springer New York, 2012.

［189］ Rudek, Agnieszka, Rudek, et al. A note on optimization in deteriorating systems using scheduling problems with the aging effect and resource allocation models ［J］. Computers & Mathematics with Applications, 2011, 62 （4）: 1870 – 1878.

［190］ Shabtay, Dvir, Bensoussan, et al. A bicriteria approach to maximize the weighted number of just – in – time jobs and to minimize the total resource consumption cost in a two – machine flow – shop scheduling system ［J］. International Journal of Production Economics, 2012, 136 （1）: 67 – 74.

［191］ Shabtay, Dvir, Itskovich, et al. Optimal due date assignment and resource allocation in a group technology scheduling environment ［J］. Computers & Operations Research, 2010, 37 （12）: 2218 – 2228.

［192］ Shabtay, Dvir, Kaspi, et al. The no – wait two – machine flow shop scheduling problem with convex resource – dependent processing times ［J］. IIE Transactions, 2007, 39 （5）: 539 – 557.

［193］ Shabtay, Dvir, Kaspi, et al. Minimizing the total weighted flow time in a single machine with controllable processing times ［J］. Computers & Operations Research, 2004, 31 （13）: 2279 – 2289.

［194］ Shabtay, Dvir, Kaspi, et al. Parallel – machine scheduling with a convex resource consumption function ［J］. European Journal of Operational

Research, 2006, 173 (1): 92 – 107.

[195] Shabtay, Dvir, Steiner, et al. Optimal coordination of resource allo – cation, due date assignment and scheduling decisions [J]. Omega, 2016, 65: 41 – 54.

[196] Shabtay, Dvir, Steiner, et al. A bicriteria approach to minimize the total weighted number of tardy jobs with convex controllable processing times and assignable due dates [J]. Journal of Scheduling, 2011, 14 (5): 455 – 469.

[197] Shabtay, Dvir, Steiner, et al. A survey of scheduling with con- trollable processing times [J]. Discrete Applied Mathematics, 2007, 155 (13): 1643 – 1666.

[198] Shabtay, Dvir, Steiner, et al. Optimal due date assignment and resource allocation to minimize the weighted number of tardy jobs on a single machine [J]. Manufacturing & Service Operations Management, 2007, 9 (3): 332 – 350.

[199] Shabtay, Dvir, Steiner, et al. The single – machine earliness – tardiness scheduling problem with due date assignment and resource – dependent processing times [J]. Annals of Operations Research, 2008, 159 (1): 25 – 40.

[200] Shabtay, Dvir, Steiner, et al. Single machine batch scheduling to minimize total completion time and resource consumption costs [J]. Journal of Scheduling, 2007, 10 (4): 255 – 261.

[201] Shabtay, Dvir. Single, two – resource allocation algorithms for minimizing the maximal lateness in a single machine [J]. Computers & Opera- tions Research, 2004, 31 (8): 1303 – 1315.

[202] Shakhlevich N. V. , Shioura A. , Strusevich V. A. Single ma-

chine scheduling with controllable processing times by submodular optimization [J]. International Journal of Foundations of Computer Science, 2009, 20 (2): 247 – 269.

[203] Shakhlevich, Natalia V., Strusevich, et al. Pre – Emptive Scheduling Problems with Controllable Processing Times [J]. Journal of Scheduling, 2005, 8 (3): 233 – 253.

[204] Shakhlevich, Natalia V., Strusevich, et al. Single machine scheduling with controllable release and processing parameters [J]. Discrete Applied Mathematics, 2006, 154 (15): 2178 – 2199.

[205] Shakhlevich, Natalia V., Strusevich, et al. Preemptive Scheduling on Uniform Parallel Machines with Controllable Job Processing Times [J]. Algorithmica, 2008, 51 (4): 451 – 473.

[206] Shioura, Akiyoshi, Shakhlevich, et al. Decomposition algorithms for submodular optimization with applications to parallel machine scheduling with controllable processing times [J]. Mathematical Programming, 2015, 153 (2): 1 – 40.

[207] Shmoys, David B., Tardos, et al. An approximation algorithm for the generalized assignment problem [J]. Mathematical Programming, 1993, 62 (1 – 3): 461 – 474.

[208] Smith, Wayne E. Various optimizers for single stage production [J]. Naval Research Logistics Quarterly, 1956 (3): 59 – 66.

[209] Su, Ling Huey, Lien, et al. Scheduling parallel machines with resource – dependent processing times [J]. International Journal of Production Economics, 2009, 117 (2): 256 – 266.

[210] Trick, Michael A. Scheduling multiple variable – speed machines [J]. Operations Research, 1994, 42 (2): 234 – 248.

［211］ Tseng, Chao – Tang, Liao, et al. Minimizing total tardiness on a single machine with controllable processing times ［J］. Computers & Operations Research, 2009, 36 (6): 1852 – 1858.

［212］ Van Wassenhove, Luk N. , Baker, et al. A bi – criterion approach to time/cost trade – offs in sequencing ［J］. European Journal of Operational Research, 1982, 11 (1): 48 – 54.

［213］ Vasilev, Stanislav H. , Foote, et al. On minimizing resource consumption with constraints on the makespan and the total completion time ［J］. European Journal of Operational Research, 1997, 96 (3): 612 – 621.

［214］ Ventura José A. , Kim, Daecheol, et al. Single machine earliness – tardiness scheduling with resource – dependent release dates ［J］. European Journal of Operational Research, 2002, 142 (1): 52 – 69.

［215］ Vickson R. G. Choosing the Job Sequence and Processing Times to Minimize Total Processing Plus Flow Cost on a Single Machine ［J］. Operations Research, 1980, 28 (5): 1155 – 1167.

［216］ Vickson R. G. Two single machine sequencing problems involving controllable job processing times ［J］. Aiie transactions, 1980, 12 (3): 258 – 262.

［217］ Wan Guohua, Yen P. C, Li, et al. Single machine scheduling to minimize total compression plus weighted flow cost is NP – hard ［J］. Information Processing Letters, 2001, 79 (6): 273 – 280.

［218］ Wan, Guohua, Vakati, et al. Scheduling two agents with controllable processing times ［J］. European Journal of Operational Research, 2010, 205 (3): 528 – 539.

［219］ Wang, Dan, Huo, et al. Single – machine group scheduling with deteriorating jobs and allotted resource [J]. Optimization Letters, 2014, 8 (2): 591 – 605.

[220] Wang, Dan, Wang, et al. Single – machine scheduling with learning effect and resource – dependent processing times [J]. Computers & Industrial Engineering, 2010, 59 (3): 458 – 462.

[221] Wang, Ji Bo, Wang, et al. Single – machine scheduling to minimize total convex resource consumption with a constraint on total weighted flow time [J]. Computers & Operations Research, 2012, 39: 492 – 497.

[222] Wang, Ji Bo. Single machine common flow allowance scheduling with controllable processing times [J]. Journal of Applied Mathematics & Computing, 2006, 21 (1 – 2): 249.

[223] Wang, Ji Bo. Single machine scheduling with common due date and controllable processing times [J]. Applied Mathematics & Computation, 2006, 174 (2): 1245 – 1254.

[224] Wang, Jian – Jun, Wang, et al. Parallel machines scheduling with a deteriorating maintenance activity [J]. Journal of the Operational Research Society, 2011, 62 (10): 1898 – 1902.

[225] Wang, Ji – Bo, Wang, et al. Scheduling jobs with processing times dependent on position, starting time, and allotted resource [J]. Asia – Pacific Journal of Operational Research, 2012, 29 (5): 1280 – 1294.

[226] Wang, Ji – Bo, Xia, et al. Flow – shop scheduling with a learning effect [J]. Journal of the Operational Research Society, 2005, 56 (11): 1325 – 1330.

[227] Wang, Xiao – Yuan, Wang, et al. Single – machine due date assignment problem with deteriorating jobs and resource – dependent processing times [J]. The International Journal of Advanced Manufacturing Technology,

2013, 67 (1 – 4): 255 – 260.

[228] Wang, Xiao – Yuan, Zhou, et al. Several flow shop scheduling problems with truncated position – based learning effect [J]. Computers & Operations Research, 2013, 40 (12): 2906 – 2929.

[229] Wang, Xiuli, Cheng T. C. E. Single machine scheduling with resource dependent release times and processing times [J]. European Journal of Operational Research, 2005, 162 (3): 727 – 739.

[230] Wang, Xue Ru, Wang, et al. Single – machine scheduling with convex resource dependent processing times and deteriorating jobs [J]. Applied Mathematical Modelling, 2013, 37 (4): 2388 – 2393.

[231] Wei, Cai Min, Wang, et al. Single – machine scheduling with time – and – resource – dependent processing times [J]. Applied Mathematical Modelling, 2012, 36 (2): 792 – 798.

[232] Williamson, David P. , Shmoys, et al. The design of approximation algorithms [M]. Cambridge: Cambridge University Press, 2011: 293 – 377.

[233] Xu, Dehua, Sun, et al. Parallel machine scheduling with almost periodic maintenance and non – preemptive jobs to minimize makespan [J]. Computers & Operations Research, 2008, 35 (4): 1344 – 1349.

[234] Xu, Dehua, Wan, et al. Single machine total completion time scheduling problem with workload – dependent maintenance duration [J]. Omega, 2015 (52): 101 – 106.

[235] Xu, Dehua, Yin, et al. Scheduling jobs under increasing linear machine maintenance time. [J]. Journal of Scheduling, 2010, 13 (4): 443 – 449.

[236] Xu, Kailiang, Feng, et al. A tabu – search algorithm for scheduling jobs with controllable processing times on a single machine to meet due –

dates [J]. Computers & Operations Research, 2010, 37 (11): 1924 – 1938.

[237] Xu, Kailiang, Feng, et al. A branch and bound algorithm for scheduling jobs with controllable processing times on a single machine to meet due dates [J]. Annals of Operations Research, 2010, 181 (1): 303 – 324.

[238] Xu, Kailiang, Feng, et al. Single machine scheduling with total tardiness criterion and convex controllable processing times [J]. Annals of Operations Research, 2011, 186 (1): 383 – 391.

[239] Xu, Zhijun, Xu, et al. Single – machine scheduling with pre-emptive jobs and workload – dependent maintenance durations [J]. Operational Research, 2015, 15 (3): 423 – 436.

[240] Yang D. – L. , Lai C. – J. , Yang S. – J. Scheduling problems with multiple due windows assignment and controllable processing times on a single machine [J]. International Journal of Production Economics, 2014 (150): 96 – 103.

[241] Yang S. – J. , Lai C. – J. Scheduling with Multiple Common Due Windows Assignment and General Position – Dependent and Resource – Dependent Processing Times [J]. International Journal of Information and Management Sciences, 2014, 25 (2): 101 – 120.

[242] Yang Dar – Li, Cheng T. C. E. , et al. Parallel – machine scheduling with controllable processing times and rate – modifying activities to minimise total cost involving total completion time and job compressions [J]. International Journal of Production Research, 2014, 52 (4): 1133 – 1141.

[243] Yang, DarLi, Hung, et al. Minimizing the makespan in a single machine scheduling problem with a flexible maintenance [J]. Journal of the Chinese Institute of Industrial Engineers, 2002, 19 (1): 63 – 66.

[244] Yang, Dar – Li, Lai, et al. Scheduling problems with multiple

due windows assignment and controllable processing times on a single machine [J]. International Journal of Production Economics, 2014 (150): 96 – 103.

[245] Yang, Suh Jenq, Lee, et al. Multiple common due dates assignment and scheduling problems with resource allocation and general position – dependent deterioration effect [J]. International Journal of Advanced Manufacturing Technology, 2013, 67 (1 – 4): 181 – 188.

[246] Yang, Suh – Jenq, Hsu, et al. Single – machine scheduling and slack due – date assignment with aging effect and deteriorating maintenance [J]. Optimization Letters, 2012, 6 (8): 1855 – 1873.

[247] Yang, Suh – Jenq, Yang, et al. Single – machine due – window assign – ment and scheduling with job – dependent aging effects and deteriorating maintenance [J]. Computers & Operations Research, 2010, 37 (8): 1510 – 1514.

[248] Yang, Suh – Jenq, Yang, et al. Just – in – time systems [EB/OL]. 2012.

[249] Yang, Suh – Jenq. Single – machine scheduling problems with both start – time dependent learning and position dependent aging effects under deteriorating maintenance consideration [J]. Applied Mathematics and Computation, 2010, 217 (7): 3321 – 3329.

[250] Yedidsion, Liron, Shabtay, et al. Complexity analysis of an assignment problem with controllable assignment costs and its applications in scheduling [J]. Discrete Applied Mathematics, 2011, 159 (12): 1264 – 1278.

[251] Yedidsion, Liron, Shabtay, et al. A bicriteria approach to minimize maximal lateness and resource consumption for scheduling a single machine [J]. Journal of Scheduling, 2007, 10 (6): 341 – 352.

[252] Yedidsion, Liron, Shabtay, et al. A bicriteria approach to mini – mize number of tardy jobs and resource consumption in scheduling a single machine [J]. International Journal of Production Economics, 2009, 119 (2): 298 – 307.

[253] Yedidsion, Liron, Shabtay, et al. The resource dependent assignment problem with a convex agent cost function [J]. European Journal of Operational Research, 2017, 261 (2): 486 – 502.

[254] Yedidsion, Liron. Bi – criteria and tri – criteria analysis to minimize maximum lateness makespan and resource consumption for scheduling a single machine [J]. Journal of Scheduling, 2012, 15 (6): 665 – 679.

[255] Yeung, Wing – Kwan, Oğuz, et al. Two – stage flowshop earliness and tardiness machine scheduling involving a common due window [J]. International Journal of Production Economics, 2004, 90 (3): 421 – 434.

[256] Yeung, Wing – Kwan, Oğuz, et al. Two – machine flow shop scheduling with common due window to minimize weighted number of early and tardy jobs [J]. Naval Research Logistics, 2009, 56 (7): 593 – 599.

[257] Yeung, Wing – Kwan, Oğuz, et al. Minimizing weighted number of early and tardy jobs with a common due window involving location penalty [J]. Annals of Operations Research, 2001, 108 (1 – 4): 33 – 54.

[258] Yeung, Wing – Kwan, Oguz, et al. Single – machine scheduling with a common due window [J]. Computers & Operations Research, 2001, 28 (2): 157 – 175.

[259] Yin, Na, Kang, et al. Single – machine group scheduling with processing times dependent on position, starting time and allotted resource [J]. Applied Mathematical Modelling, 2014, 38 (19 – 20): 4602 – 4613.

[260] Yin, Yunqiang, Cheng T. C. E. , et al. Single – machine batch

delivery scheduling with an assignable common due window [J]. Omega, 2013, 41 (2): 216 – 225.

[261] Yin, Yunqiang, Cheng T. C. E., et al. Single – machine batch delivery scheduling with an assignable common due date and controllable processing times [J]. Computers & Industrial Engineering, 2013, 65 (4): 652 – 662.

[262] Yin, Yunqiang, Cheng T. C. E., et al. Single – machine due window assignment and scheduling with a common flow allowance and controllable job processing time [J]. Journal of the Operational Research Society, 2013, 65 (1): 1 – 13.

[263] Yin, Yunqiang, Cheng T. C. E., et al. Single – machine common due – date scheduling with batch delivery costs and resource – dependent processing times [J]. International Journal of Production Research, 2013, 51 (17): 5083 – 5099.

[264] Yin, Yunqiang, Cheng T. C. E., et al. Common due date assignment and scheduling with a rate – modifying activity to minimize the due date, earliness, tardiness, holding, and batch delivery cost [J]. Computers & Industrial Engineering, 2012, 63 (1): 223 – 234.

[265] Yin, Yunqiang, Wang, et al. Bi – criterion single – machine scheduling and due – window assignment with common flow allowances and resource – dependent processing times [J]. Journal of the Operational Research Society, 2016, 67 (9): 1169 – 1183.

[266] Yin, Yunqiang, Wu, et al. Due – date assignment and single – machine scheduling with generalised position – dependent deteriorating jobs and deteriorating multi – maintenance activities [J]. International Journal of Production Research, 2014, 52 (8): 2311 – 2326.

［267］Yin, Yunqiang, Xu, et al. Notes on "The common due – date early/tardy scheduling problem on a parallel machine under the effects of time – dependent learning and linear and nonlinear deterioration"［J］. Expert Systems with Applications, 2011, 38（7）: 9030 – 9031.

［268］Yin, Yunqiang, Xu, et al. Some scheduling problems with general position – dependent and time – dependent learning effects［J］. Information Sciences, 2009, 179（14）: 2416 – 2425.

［269］Yu, Xianyu, Zhang, et al. Single machine scheduling problem with two synergetic agents and piecerate maintenance［J］. Applied Mathematical Modelling, 2013, 37（3）: 1390 – 1399.

［270］Zdrzalka, Stanislaw. Scheduling jobs on a single machine with release dates, delivery times and controllable processing times: Worst – case analysis［J］. Operations Research Letters, 1991, 10（9）: 519 – 523.

［271］Zhang, Feng, Tang, et al. A 3/2 – approximation algorithm for parallel machine scheduling with controllable processing times［J］. Operations Research Letters, 2001, 29（1）: 41 – 47.

［272］Zhang, Xingong, Yan, et al. Single – machine scheduling problems with time and position dependent processing times［J］. Annals of Operations Research, 2011, 186（1）: 345 – 356.

［273］Zhao, Chuan – li, Tang, et al. Single machine scheduling with general job – dependent aging effect and maintenance activities to minimize makespan［J］. Applied Mathematical Modelling, 2010, 34（3）: 837 – 841.

［274］Zhu, Valerie C. Y., Sun, et al. Single – machine scheduling time – dependent jobs with resource – dependent ready times［J］. Computers & Industrial Engineering, 2010, 58（1）: 84 – 87.

［275］Zhu, Zhanguo, Chu, et al. Single machine scheduling with re-source allocation and learning effect considering the rate – modifying activity ［J］. Applied Mathematical Modelling, 2013, 37 (7): 5371 – 5380.

［276］Zhu, Zhanguo, Sun, et al. Single – machine group scheduling with resource allocation and learning effect ［J］. Computers & Industrial Engineering, 2011, 60 (1): 148 – 157.